遊廓に泊まる

関根虎洸

とんぼの本
新潮社

大阪の飛田新地、鯛よし百番にある日光の間。天井に描かれるのは水墨画「雲竜図」。

伊勢神宮の外宮と内宮をつなぐ参道には、かつて古市遊廓があった。
古市遊廓跡に残る麻吉旅館は往時の情緒をいまに伝えている。

江戸時代から続く橋本遊廓は京都と大阪を結ぶ京阪電車（明治43年開業）によって最盛期を迎えた。橋本駅を下車、旧橋本遊廓の本通りには、いまなお往時のたたずまいが残っている。

燻竹の意匠を施した丸窓。松山旅館にて。

古写真の裏には次のように記されている。「當選美人（矢島）錦字楼　さえ子」（錦旅館）。当時のブロマイドのようなものだろう。

はじめに

遊廓に泊まる、と聞いて首を傾げた人も多いだろう。かつて日本にあった遊廓は知っていても、すでに存在しないのだから、疑問を抱くのは無理もない。しかし、現在も遊廓に泊まることは可能である。厳密にいえば、かつて遊廓だった旅館に泊まる、という意味になる――。

昭和33（1958）年、4月1日。売春防止法の施行にともない、事実上、江戸時代から続いた日本の公娼制度は完全に廃止された。戦後は遊廓から赤線に変わったが、いずれにしても、遊廓業者は、廃業するか、もしくは料亭や旅館、アパートなどに転業するか、選択を余儀なくされたのだった。

今年で売春防止法の施行から60年が経つ。現在も営業している遊廓の旅館が、どのくらい残っているのか――。

予想はしていたが、元遊廓の旅館を探すことは難航した。そもそも遊廓だったことを公にしている旅館は少なく、また「昨年まで営業していたのですが」と断られたこともあった。一方で調査を進めるうちに、古写真や大福帳といった往時の記録を大切に残してきた旅館に出会うこともできた。

全国各地に残る遊廓や赤線といった遺構に宿泊することは、各々の建物からなにかを語りかけられているような体験だった――。

本書では3年の間に訪ねた14か所の転業旅館と、番外編として、遊廓から転業した飲食店や中国に残る転業旅館など、計20か所の元遊廓を収録している。

多くの旅館で聞いたのは「私の代までは頑張るが……」という高齢の経営者たちが漏らす言葉だった。駅前にチェーン型のビジネスホテルが増え続ける中、元遊廓の転業旅館に限らず、伝統的な旅館の需要は年々減少の一途を辿っている。

最後に、本書で紹介したすべての旅館は自信を持ってお勧めできる。旅行や出張に合わせて、ぜひ宿泊して遊廓を体験して欲しい。遊廓は港町や門前町、繁華街に存在したので、観光にも便利な場所にある。また遊廓の近くには精を付けるための食べ物屋が付きものなのでグルメも楽しんでもらいたい。

関根虎洸

梅の花の釘隠しと将棋の駒を模（かたど）った部屋番号。将棋と娼妓をかけた色街ならではの粋な演出である。青森・新むつ旅館にて。

目次

麻吉旅館の最上階にある聚遠楼（じゅえんろう）と呼ばれる大広間。襖をはずせば36畳となる。

■ 青森県八戸市

新むつ旅館

Shinmutsu Ryokan

魅惑のY字階段と空中回廊

館内に入り、まず目を引くのは玄関の右側にあるY字階段。天窓から差し込む光が、黒光りした階段を照らす。いまにも遊女たちが下りてくるのではないか、と錯覚させるほどの迫力がある。

客室。鮮やかな色の着物が飾られた10畳の広間。床の間の手前に置かれた浴衣が客人を待っている。

入口玄関。天井は高く、広い土間があり、左側に丸窓が見える。館内に入ると左側にかつては帳場があった。現在は資料が展示されている。右にY字階段が見える。

二間続きの大きな部屋に宿泊した。障子を引くと明るい光が差し込んだ。廊下には格子があり往時を偲ばせる。
下・左／吹き抜けのＹ字階段を上がると、見えてくるのが空中回廊。遊女が両側の棟を結ぶ細い廊下を歩く姿を想像する。黒光りする階段は、かつて柿渋で磨いていたからだという。

中・右／男性器の形をした木製の「金精様（こんせいさま）」。遊女たちが来客祈願のために持っていた道具で、往時の実物。性崇拝は全国的に見られる信仰だが、男女の縁結び、出産、婦人病などに効験があるとされる。　下・右／七宝紋の意匠を凝らした鼻隠し。七宝とは仏教用語で「金、銀、水晶、瑠璃（るり）、瑪瑙（めのう）、珊瑚（さんご）、硨磲（しゃこ）」の七つの宝を指し、七宝紋は日本の伝統的な模様。開運、願望実現、金運向上など様々な意味を持つとされる。

旅館
新むつ

小中野の遊女たちが艶を競った
120年前の美しき遊廓建築

鉄板葺き、切妻屋根の木造2階建ての外観。戦後まもなく唐破風を持った玄関に改築されたが、明治時代の遊廓の姿をほぼそのまま残している。平成19年に国の登録有形文化財に登録された。

明治時代の遊廓がそのまま

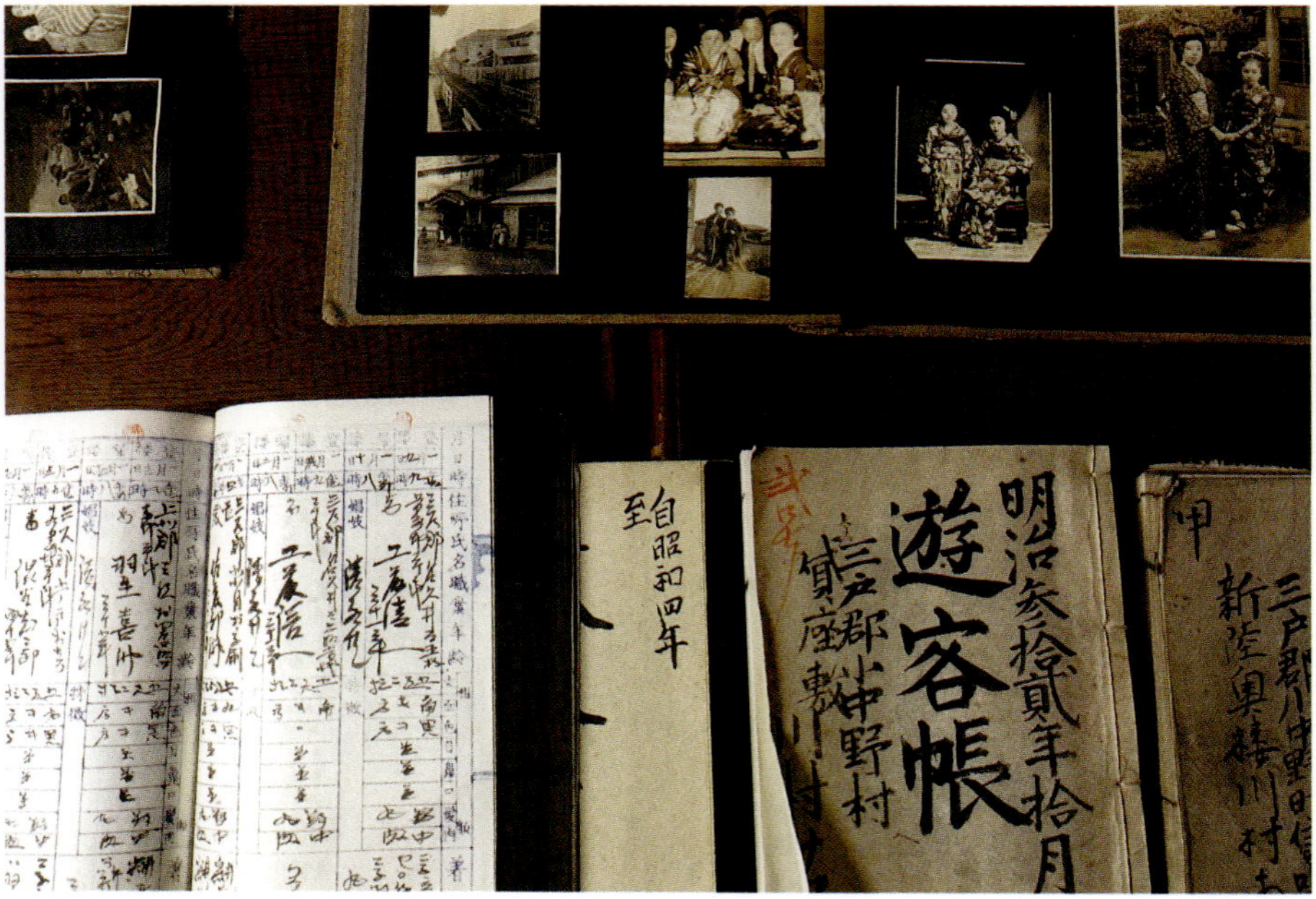

上／かつて帳場だった場所には現在、遊廓時代の資料が展示されている。来客の風体や接客した娼妓の名が記載された「遊客帳」など貴重な資料が並べられている。　中／新陸奥楼の前にならぶ娼妓たちの古写真（明治30年代末頃）。玄関入口には、まだ唐破風がないのが分かる。大人数なのは小中野遊廓の娼妓が集まって撮ったためと思われる。　下／初代女将・川村佐和恵さんの養女ハツさん。5歳の頃から芸者修業をして花吉（はなきち）という源氏名の人気芸者になったが、不治の病で20歳で亡くなった。佐和恵さんは生涯この写真を大事にしていた。

ＪＲ八戸線の小《こ》中野《なかの》駅から東へ10分ほど歩くと、かつて「小中野新地」と呼ばれた場所に出る。いまは当時の賑わいが嘘のようにのどかな住宅地だが、路地を抜けると不自然に幅の広い一本道が目に映る。遊廓の表通りだった名残りを示す一本道を奥まで進むと、まるで時間が止まったままの木造家屋が現れた。「新陸奥楼」と呼ばれる妓楼だった建物は、「新むつ旅館」となって現在も同じ場所に存在している。

昭和5年に発行された『全国遊廓案内』（日本遊覧社刊）によれば、東北でも有数の色街として栄えた小中野新地の由来は、安政の頃（1850年代）に、小中野添いの湊川港（現在の八戸港）に停泊した船夫達の世話をする洗濯女が私娼となり、やがて遊廓ができたと記してある。明治32年に貸座敷として営業を開始した新陸奥楼は、昭和33年に施行された売春防止法によって新むつ旅館となり、明治時代の遊廓建築を留めた旅館として、いまなお営業を続けている。

唐破風の玄関をくぐると、愛想のいい女将さんが出迎えてくれた。「遠かったでしょう。夕飯は何時にしましょうか」。天窓の柔らかい光が差し込む帳場で荷を下ろすと、眼前に広がる黒光りしたY字階段が目に映った。吹き抜けの2階へ続く階段から、いまにも着物姿の遊女たちが微笑みながら降りてくるような雰囲気だ。Y字階段を上ると、吹き抜けの空間に空中回廊が延びている。明治時代の大工が施した遊び心のある意匠に思わずため息が出た。

また帳場には創業当時からの資料として、古写真の他に、娼妓が来客祈願に使用した「金精《こんせい》様《さま》」や収入を記した「大福帳」、「遊客帳」などが展示されている。遊客帳は文字通り顧客の帳簿だが、住所氏名年齢はもちろん、遊興費や相手をした娼妓の名前、さらに客の風体に至るまで詳細に記されている。近くに湊川港があったことから、客の多くは漁師だったそうだが、中には荒っぽい人物がいただろうことは想像できる。つまり、遊客帳に記載された客の特徴は警察に見せるためのものでもあったのだ。

展示された資料に関して質問があれば、女将さんが丁寧に説明してくれる。

新むつ旅館を切り盛りする女将さんは東京の下町出身。嫁いだ先が元遊廓だったことを知らなかったそうだが、病気がちなご主人に代わって、建物を修繕しながら旅館を維持してきた。

「いつまで続けられるか分からないけど、私が元気なうちは旅館を続けます。以前は出張のサラリーマンのお客さんが多かったけど、最近は外国人やカップルなんかも増えました。遊廓の建築を目当てにした若いお客さんもいらっしゃいますね」と語る。

かつて東北屈指の歓楽街として栄華を誇った小中野新地に残る新むつ旅館は、往時の名残りを色濃くいまに伝える貴重な旅館といえるだろう。建物に耳を澄ませば、賑やかな三味線の音色や遊女たちの息遣いが聞こえてくるようだ。

［取材年月］平成28年2月

新むつ旅館から徒歩20分の距離にあるJR陸奥湊駅前には有名な朝市がある。イサバのカッチャ（魚売りのお母さん）と呼ばれる地元女性たちの景気のいい呼び声を聞きながら、新鮮な海鮮朝食を頬張るのも旅の楽しみだ。

■ 青森県黒石市

中村旅館

Nakamura Ryokan

歴史深い町並みに残る
黒石町遊廓の元妓楼

玄関から館内に入ると大きな土間があり、朱色の急な階段が目の前に現れる。不自然に低い手摺の付いたそれは階段ではなく、遊女たちが並ぶ「顔見世」の場所だった。

上／旅館の入口。積雪量の多い地域だけあって、旅館を訪ねた日も青い屋根には雪が積もっていた。敷地を囲む黒塀の内側には立派な松がある。中・右／旅館の玄関。建物はコの字型。敷地の入口から玄関へ向かう右側には中庭がある。この辺りの住所は「浦町」だが、裏町が転じて浦町になったのではないだろうか。中・左／顔見世に使っていた階段を上がり2階へ出ると広間があり、広間から3方向へ廊下が延びている。階段の出入口はコの字型の手摺で囲われているが、階段に最も近いのが遣手婆の部屋だったという。

右頁・左下／宿泊した6畳間の部屋。コンパクトだが、清掃の行き届いた清潔な部屋だった。室内は暖かく、快適に寝起きすることができた。　上／位の高い遊女の部屋は、一段高い棟にある。天井も高く、床の間もある。下・右／2階の広間には2棟の屋根が重なり合っているが、建て増ししたのではないという。屋根の位置が高い棟は、床も一段高く、そこには位の高い遊女の部屋（上の写真）があった。　下・左／冬の早朝は冷える。目が覚めると冷たい廊下を早歩きで1階にある食堂へ向かう。宿泊客はこの部屋で朝食をとる。

朝食。ノリや納豆、目玉焼きや塩鮭など、懐かしい旅館のメニューが並ぶ。湯気の立ったご飯と温かいみそ汁の朝食はかなり美味しかった。

女将が作ってくれた朝食
添えられたひと粒の苺に
もてなしの心を感じる

手直ししながら130年

津軽の冬は厳しい。弘南鉄道弘南線の終着駅、黒石駅を降りて中村旅館に向かう。早速スニーカーを履いてきたことを後悔した。予想以上に足元が滑りやすく、思うように歩けないのだ。雪深い町の表通りには、アーケード状になった雪よけの〝こみせ〟があり、江戸時代から続く商家や酒蔵など城下町の風情が色濃く残っている。

裏通りに入ると住所は「浦町」となり、木造2階建ての中村旅館が見えてくる。恐らく裏町が浦町になったのだろう。近くにある商家にも見劣りしない青い屋根の大きな屋敷だ。建物正面の外観は〝黒塀に見越しの松〟。昭和29年に大ヒットした『お富さん』の歌詞を想わせる粋な造りになっている。玄関先で出迎えてくれた女将さんに挨拶を済ませ、2階の部屋へ案内してもらう時だった。

「昔は階段でなくて〝顔見世〟に使っていたんだよ」

朱色の急な階段の前で弘前弁の女将さんが呟いた。

女将さんが呟いた言葉の意味を理解して、しばらくの間、茫然と顔見世の場所の前で立ち尽くす。

よく見ると手摺は不自然に低い。遊女たちはこの階段に並び、客は玄関をくぐった土間から遊女たちの品定めをしたのだ。顔見世とは、つまりひな壇のことである。人権意識の高まりから顔見世は大正5年に禁止され、代わって写真見世（写真指名制）になっていった。

顔見世に使われた階段を上がって2階へ出ると、広間から3方向へ廊下が延びている。往時

江戸時代の情緒を残すメイン通りから、裏通りへ入る。文字通り、住所は浦町となり、中村旅館の裏側が見えてくる。浦町にはかつて黒石町遊廓があった。

は遊女たちの部屋の他に、引付け座敷や遣手部屋などもあった。引付け座敷と呼ばれる部屋は、顔見世で選んだ遊女と客が顔合わせをする場所である。そして、それを取り仕切るのが遣手婆と呼ばれる遊女の世話係の役目だった。遣手部屋は階段の隣にあって、客の品定めから遊女たちの教育係として、妓楼における重要な役割を担っていたという。故に遣手と呼ばれたのだろう。

また2階には屋内に重なる屋根があり、その下を境に片方の棟が一段高くなっている。各々二つの建物が別の時期に建てられたものかと推測したが、どうやら違うらしい。

「わたしにゃわからねぇけど、大学の先生がいうには同じ時に建ててあるらしいよ。一段高くなっているのは位の高い女の人（花魁）の部屋だったんじゃねぇかって」

花魁の部屋は天井が高く、床の間のある意匠を凝らした部屋だった。

しばらく暖房を付けたままにして待ってくれていたのだろう、通された部屋はじゅうぶんに暖かかった。荷を下ろして風呂に入り、夜の街へ出た。風俗街は見当たらなかったが、黒石にはスナックが数多くある。しかも1時間2000円程度の店が多い。酒がまわったせいか、店を3軒ハシゴして、妙に色っぽく聞こえる津軽弁を耳にしながら店を後にした。

『全国遊廓案内』によれば、黒石の遊廓は〈妓楼数約三軒、娼妓約十五人〉とある。

中村旅館は明治9年に遊廓「かねまる」として創業。昭和33年の売防法の施行と同時に「中村旅館」となった。現在の建物は明治19年に完成。所々直してはいるが、築130年ということになる。

［取材年月］平成29年2月

上／正面入口に面した通りから、建物2階に漆喰の塗られた木製の戸袋が見える。細かな個所にもこだわりの意匠がある。　下／黒石は「こみせ」で知られる城下町。江戸時代から続くアーケード状の通路として、今も市民に利用されている。冬の積雪だけでなく、夏の日差しも遮る道路脇の通路として、国の重要伝統的建造物群保存地区に選定されている。

番外1 中国・北京

八大胡同はいま

Hachidaikodou

娼婦とアヘンがはびこった
伝説の売春窟

清朝末期の高級妓楼として、上林仙館には名妓、賽金花と小鳳仙が在籍していた。現在は上林賓館（上林国際青年旅舎）という名の安宿として世界中のバックパッカーが利用している。

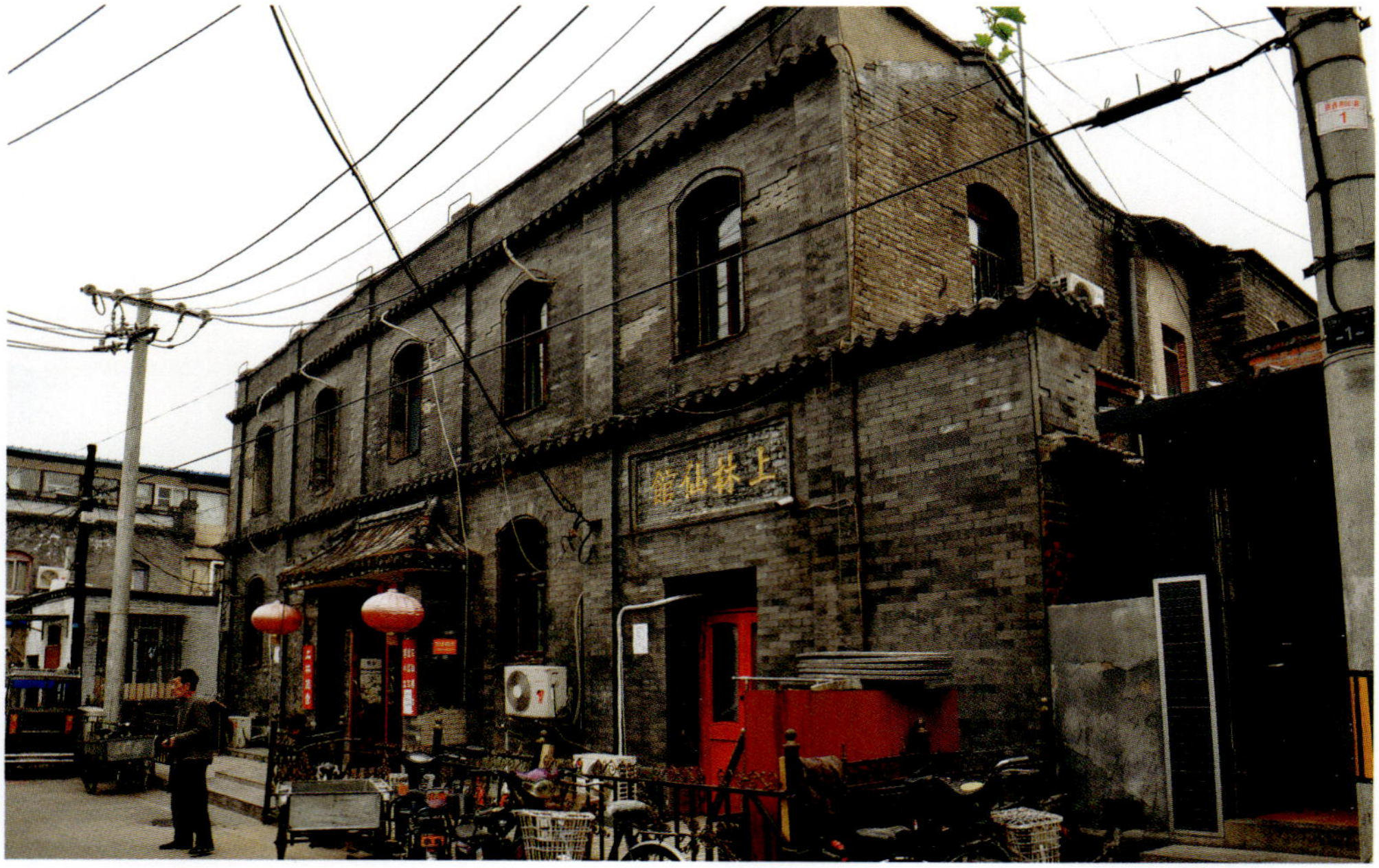

上林仙館（現上林賓館）は、かつて北京で一番の繁華街だった前門近くの陝西巷にある。当時は八大胡同と呼ばれ、妓楼の他にも男娼窟や阿片窟もあり、また政治家が接待に利用する高級料亭まで様々な店が集まっていた。いまも下町情緒の色濃く残る活気ある場所だ。

ヒロインになった2人の娼婦

路地へ足を一歩踏み入れると、辺りに漂う雰囲気が一変した。紫禁城の南に位置する前門の繁華街を抜けると、幾筋もの細い路地が広がっている。急速な都市開発が進む北京にあって、時代に取り残された雰囲気が漂うその通りは、かつて「八大胡同」と呼ばれた歓楽と欲望の街だった。胡同とは北京伝統の路地のことを指す。清朝末期から中華人民共和国が成立した1949年まで、八本の路地には料亭や妓楼、賭場が軒を連ね、男娼窟まであった。先の戦中は日本人が経営する阿片窟も多数存在したという。もちろん阿片の売買は当時も禁じられていたが、戦前から戦中にかけて中国の大スター「李香蘭」として活躍した

右／賽金花。その数奇な運命が小説や舞台劇となった伝説的な妓女だ。外交官の愛人となり、ヨーロッパを歴訪してドイツ語をマスター。1900年の義和団の乱ではドイツ語を駆使して外交手腕を発揮。連合国が北京市民に危害を加えるのを防いだとされる。　左／賽金花の建てた妓楼「怡香院」跡。建物の入口には名所旧跡の表札が掛かる。傷みが激しいが、現在は民家として使われている。

右／小鳳仙と蔡鍔が出会った場所として知られる高級妓楼「雲吉班」跡。小鳳仙が恋人、蔡鍔を北京から脱出させる舞台ともなった。

北京初の銭湯「一品香浴池」跡があるのも、かつての八大胡同。いまでも北京の銭湯の女湯には湯船がないが、当時の北京には銭湯に女湯自体がなかった。元妓女の実業家、金秀卿が妓女たちのために作った北京初の女性専用銭湯に「潤身女浴所」がある。

小鳳仙。袁世凱と敵対する思想を持ち、日本へ渡った恋人の蔡鍔は護国軍を組織して袁世凱討伐を果たすが、33歳の時に福岡で死亡。帝政復活を阻止するきっかけを作った若き悲劇のヒロインとして、小鳳仙の生涯は多くの映画やドラマとなった。

山口淑子の手記を見ると、当時の中国では嗜好品として阿片が上流階級にも嗜まれていたことが分かる。

胡同を歩くと、高級妓楼の集まっていた陝西巷の周辺には、民家とは異なる意匠の建物を数多く確認できる。中でも旅館として営業している上林賓館は、かつて伝説の妓女、賽金花と小鳳仙が在籍した妓楼だった。北京一の名妓といわれた賽金花は、外交官の愛人として欧州に同行した経験から、1900年に義和団の乱が起ると、現地で習得したドイツ語を駆使して八ヵ国連合軍を相手に驚きの外交手腕を発揮した。

上林賓館から少し離れた胡同には、賽金花が晩年に開いた妓楼「怡香院」跡がある。いまにも崩れ落ちそうな元妓楼を訪ねると、現在は民家として使用されていた。また小鳳仙は軍人、蔡鍔《さいがく》の恋人として、袁世凱の帝政復活を阻止することに協力した悲劇のヒロインとして知られている。

賽金花や小鳳仙の数奇な人生は小説や舞台劇となって語り継がれてきた。他にも元妓女の実業家、金秀卿は妓女たちの為に北京初の女性専用銭湯を作るなど、八大胡同には清朝時代の裏歴史と言える女性たちの物語があった。

［取材年月］平成27年11月

昭和の風情を色濃く残す客間。雪が積もるほどの寒い日だったこともあり、雪国らしく掛け布団は3枚重ねてあった。心遣いが嬉しい。　下／高山旅館の外観。往時の雰囲気は残っていない。

■ 青森県八戸市

髙山旅館

Takayama Ryokan

漁業とともに栄え、そして消えた

『全国遊廓案内』によれば、小中野に遊廓ができたのは江戸時代に遡る。

〈太平洋沿岸を航行する小廻り船が小中野添ひの湊川港に碇泊した時、船夫達の衣類を洗濯したり、身の廻りの世話をしたりした洗濯女が、私娼と変り〉出来た遊廓である。〈貸座敷三九軒、娼妓は約百六十人位居る〉

「私が嫁に来た頃（昭和50年代）は、まだ呑み屋さんが沢山あって、この辺りも賑やかだったんですよ」

髙山旅館の女将さんはそう語る。

この寂れた港町に、タクシー会社が3社、銀行や信用金庫の支店が多いのも往時の名残りだろう。

「港が元気だった頃は船が寄港すると学校に寄付が集まってね、凄かったそうです。漁師さんの子供の中には『こんなにお金が儲かるのに、なんで勉強なんかしなきゃいけないのか分からない』なんて言う子もいたり」

中学校の元教員だったという女将さんは、当時を振り返った。

「ウチは滞在さん（長期の宿泊者）が多くて、工事業者がほとんどです。昨年身体を壊しましてね、いまはほとんど予約をとってないんですよ」

［取材年月］平成29年2月

左上／浦町の町内に残る元妓楼の民家。屋根瓦に「玉楼」と屋号が刻まれている。　左下／町内に残る立派な木造建築は「連日、代議士さんも通うお茶屋さんだったそうです。ずいぶん賑わったそうですよ」。髙山旅館の女将さんは義母からそう聞いていた、と教えてくれた。

右上／共同のトイレと洗面所。壁にはポスターが貼られ、灰皿の置かれたテーブルの両側には椅子がある。女将さんが「滞在さん」と呼ぶ長期宿泊者にとって、歓談の場だったのだろう。　右下／「風呂場」の張り紙がある階段から客室を望む。

■ 山形県酒田市

松山旅館

Matsuyama Ryokan

消えゆく遊廓街、最後の転業旅館

上／玄関を上がると左手にかつての帳場がある。蛍光灯に照らされた壁際の棚に並ぶ仏壇や仏像の写真、日本人形、長押に掛けられた竹久夢二の絵。無秩序に並んだそれらから、たとえようのないパワーを感じた。　右頁下／旅館玄関。左の部屋がかつての帳場。廊下をまっすぐ進むと客間に続く。入口は狭く、長い廊下を進むと建物の内部が大きく広がっていく。　左上／かつて酒田町遊廓があった場所は住宅街に変わっていた。「松山屋」の屋号だった松山旅館の看板が道路から見える。　左下／玄関からまっすぐ延びた廊下の先にある階段。手前右手に急な勾配の隠し階段があった。中2階の突き当たりの客間に宿泊した。

「かつて横綱も泊まった一番の部屋」という二間続きの部屋に宿泊した。中庭に面した障子から柔らかい光が差し込む。

地元有力者が営んだ妓楼

「この辺りはソ連から来た女が道に立っていたんですよ。材木を積んだ船に隠れて乗ってきていたらしいです。そうですね、二、三十年くらい前かな……」

　JR酒田駅から乗車したタクシーの運転手は旅館の前に停車すると、思い出したようにポツリとつぶやいてから走り去った。タクシーを下車した旅館周辺の「新町」は、住宅地になっている。近くには既に廃業した2軒の転業旅館を確認することができたものの、かつて遊廓として賑わっていたのが想像できないほど閑散とした光景が広がっていた。

　江戸時代から北前船の寄港地として栄えた酒田には、古くから遊廓があった。それまで港近くの船場町にあった遊廓が明治27年に大火で焼失したため、この地に酒田町遊廓ができた。『全国遊廓案内』には酒田町遊廓について次のように書かれている。〈現在貸座敷が三十一軒あつて娼妓は約百人居るが、秋田県及山形県の女が多い〉。松山旅館の屋号「松山屋」の名前も確認できる。

　玄関の引き戸を開けるとご主人の大きな声が聞こえた。

「どうも待ってましたよ、まずはこちらへどうぞ」

　そう言ってコップ酒で酒盛りが始まった。ひとしきり話を聞いてから、宿で最も立派な部屋

2階から見た中庭。灯籠が見えるが、ほとんど手入れがされてないようだ。

24畳の大広間。床の間に飾られた番付表には「松山旅館」の文字が書かれている。かつては宴会場として使われていたという。

へ通された。ご主人の説明では、この地で遊廓をしていた祖母の代から力士を贔屓にしていたため、巡業で酒田を訪れた横綱も泊まった部屋だという。この地で遊廓を経営しながら勧進元《かんじんもと》を務めたご主人の祖母という人物は、地元ではかなりの実力者だったに違いない。

翌朝、宿を出る前に「ソ連の女」のことをご主人に聞いた。

「まったく、タクシーの運転手が分かったようなこと言って……。私は寄港したソ連船に乗って内部を見学したことがありますよ。確かに船の中に女はいた。ただそれは船乗りのためのアレだよね」

「酒田市史」によれば、材木を積んだソ連船が酒田港へ初入港したのは、売春防止法が施行された昭和33年。そしてソ連崩壊の1991年が、今から27年前。いずれにしても、タクシー運転手の話は年代がピタリと符合する。

［取材年月］平成29年4月

中2階の部屋の前の廊下には、一枚板が用いられている。

■ 秋田県由利本荘市

錦旅館

Nishiki Ryokan

50人以上は収容できるという大広間。現在も地元の人々が利用する現役の宴会場である。幸運なことに宿泊当日は「三十数名集まる地元の会合の準備をしていた」という。漆塗りの膳が並ぶ壮観な光景が広がっていた。

ダイナミックな
大広間がお出迎え

右上／由利高原鉄道鳥海山ろく線の矢島駅から徒歩5分。県道32号線沿いに歩けば、錦旅館が見えてくる。　右下／玄関ホール。左手に商売繁盛の縁起を担ぐ信楽焼のたぬきが置かれている。かなりの大きさだ。右手にはアール状の壁面をしたかつての帳場がある。　左上／宿泊した8畳間。この棟は昭和50年代に建て替えたとのことで、古さを感じさせない、清潔感のある部屋だった。　左下／旅館内の食堂。建設関係をはじめ長期滞在するお客さんが多いことから、かなりボリュームのある夕食だと評判だ。

「きんじろう」と呼ばれた理由

由利高原鉄道鳥海山ろく線の終着点、矢島駅で下車すると、駅からほど近い天寿酒造で地酒を購入し、錦旅館へ向かった。大正14年に出版された『裏日本実業案内・羽越版』には、「錦字楼」という屋号の料理屋が広告を掲載している。「錦字楼」が現在の錦旅館であることは平成28年に出版された『色街調査紀行・秋田県の遊廓跡を歩く』（カストリ出版）に詳しく書かれていた。文中に著者が錦旅館のご主人にかつての屋号確認する描写がある。

「んだ！　子どもの頃からきんじろう、きんじろうって呼ばれていて、ずっと不思議だったんだよ」

錦字楼が料理屋として創業したのが明治の終わりから大正の初め頃、昭和26年に旅館に転業して錦旅館に屋号が変わっている。

右上／『裏日本実業案内』に掲載された広告。左／往時の錦字楼の玄関前での写真。酌婦と思われる女性たちが並ぶ。まだ2階がない。右下／錦旅館に残る錦字楼時代の當座帳（昭和14年）と大福帳(昭和11年)。当時は酌婦が5〜6人と、芸妓も住み込みで働いていたことが記されている。

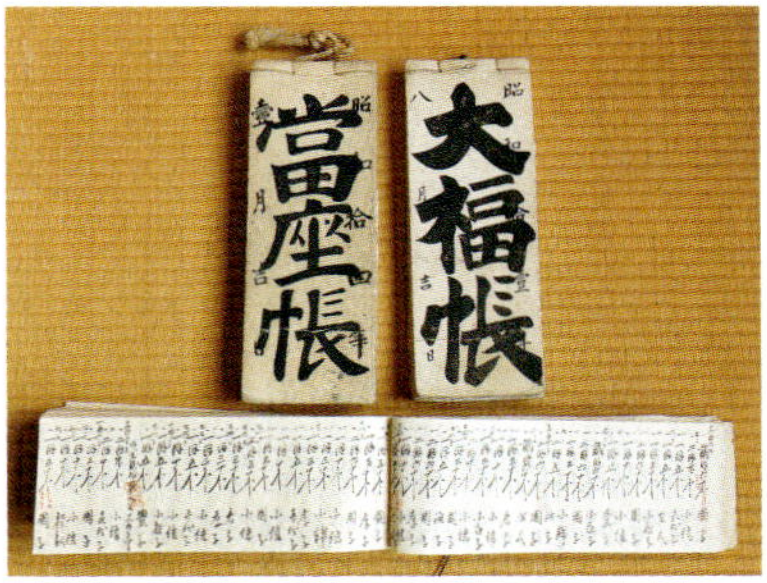

そしてご主人の記憶から昭和30年代にも酌婦を兼ねた住み込みの女中が3、4人いて、大人の秘め事を何度か目撃した経験があることも記載されていた。現役の旅館として営業していることが分かり、宿のご主人に改めて話を聞くことが、錦旅館を訪ねる理由だった。

唐破風の下の引き戸を開けて建物へ入ると、中からエプロンを付けた感じの良い女将さんが出迎えてくれた。

「そうですか、実は主人が入院してしまっているんです」

『色街調査紀行』を読んだことを告げると、女将さんは申し訳なさそうにそう語ったのだった。

「私はあの本が出てから初めて知ったことばかりだったんですよ。主人が元気なら色々とお話しできたんですけど……」

案内された部屋は比較的新しく、清潔な和風旅館の客間という印象だ。

錦字楼時代のことを調べていると察した女将さんは、昔の資料を収めた蔵へ案内してくれた。蔵には錦字楼時代の古写真や大福帳や當座帳が残っていた。

そして2階にある大広間を案内してくれた。

「この建物は古いと聞いています。今日は地域の会合があるのでちょうど準備をしているところなんですけど」

襖を引くと、そこには「昔から使っている」という漆塗りの御膳が三十数個並ぶ壮観な光景が広がっていた。

［取材年月］平成29年4月

番外 2 中国・大連

幻の旧満州・遊廓跡を行く

Ousakacho/Shoukoushi

逢坂町遊廓跡。『全国遊廓案内』によれば「大連駅から約五十丁」との記述があり、約6kmの計算になる。1930年当時、この地に芸娼妓合わせて900人が暮らしたと記されている。

「からゆきさん」がいた一大遊廓の残照

大通りから見た逢坂町遊廓跡。夜になると看板の奥に屋台が並ぶ。かつて遊廓だった建物の住人は地方出身者が多く、彼らが屋台を切り盛りしていた。

逢坂町遊廓の建設が始まったのは1907年。当時は僅か10戸に過ぎなかったが、1930年には妓楼の数が70軒にまで増えたことが記されている。

右上／小崗子遊廓跡。大連の下町、小崗子は満州人の暮らす街だった。日露戦争後、遊廓の建設を交渉するが当時は許されなかったため、事実上は遊廓、表面は料理店として開業。酌婦を置いて営業を始めた。　右下／高層ビルが立ち並ぶ街の一角に、取り残されたように小崗子遊廓の跡地がある。アーチ状の窓がある煉瓦造りの建物には「万特旅館」の看板が置かれている。　左上／小崗子の泥棒市場の様子が描かれた絵葉書。小崗子には寄席、見世物小屋、覗きからくり、遊女屋の他に、露天飲食店が軒を連ねていた。　左頁・上／満鉄が経営した旧大連ヤマトホテル。ヤマトホテルの旗艦店として大連の中心部にある大広場（現中山広場）に面して建設された。開業は1914年。現在は大連賓館として営業している。　左頁・下／戦前から市民の足として利用されてきた路面電車は、いまも現役で大連の街を走っている。満州国時代は階級で乗れる車両の色が区別されていた。

日本統治時代の遺構

かつて満州には遊廓があった。現在中国東北部と呼ばれる満州には、1932年から1945年までの僅か13年間だけ「満州国」が存在した。遊廓ができたのはさらに時間を遡る。

『全国遊廓案内』の目次には「台湾」「朝鮮」と並んで「関東州」が紹介されている。関東州とは日露戦争の後にロシアから日本へ譲渡された租借地だが、そこに2か所の遊廓があったという。

〈大連市には二大遊廓があつて、一は小崗子《しょうこうし》であり、一は此の逢坂町である〉

1930年当時の大連には約10万人の日本人が住んでいた。1931年に勃発した満州事変をきっかけに、翌1932年に満州国が建国されると満州に渡

時の建物はそのまま安宿になっていた。また周辺にはリヤカーが数多く並んでいた。

もう一つの逢坂町遊廓は街の中心部から南の郊外にあった。逢坂町遊廓跡は武昌街と呼ばれる場所にあり、ここもまた辺りの町並みから取り残された古い煉瓦造りの建物が並んでいた。細い路地には小崗子と同様にリヤカーが並び、バラックが軒を寄せ合っていた。

バラックは夜になると屋台になる。元遊廓だった建物に住んでいる人々は地方から出てきた出稼ぎ労働者で、多くの人がゴミの収集と屋台を生業としていた。内臓を串に刺している女性たちがこちらを見ながら談笑していたので、遊廓だった頃のことを訪ねてみたが「聞いたこともない」と、カメラを持った日本人をからかうように眺めるだけだった。

［取材年月］平成26年10月

る日本人の数はさらに増えていった。日本式の生活が普及していく中で、遊廓ができたのは至極当然だったのかもしれない。

大連は東京から飛行機で僅か3時間。大連の街角を歩けば、日本人が暮らした残像をはっきりと感じることができる。上野駅がモデルの「大連駅」、「日本橋」や「ヤマトホテル」……。小崗子は東関街と呼ばれる場所にあり、古い煉瓦造りの建物が並ぶ通りはすぐに分かった。当

■ 新潟県佐渡市

金沢屋旅館

Kanazawaya Ryokan

華やかな面影を色濃く残す

玄関を入ると絢爛たる朱色の格天井の下に、「金澤楼」の木製看板が目に映る。往時を偲ばせる意匠に気分が高揚するはずだ。

上／金沢屋旅館の外観。両津港の佐渡汽船ターミナルから南へ向かう。両津湊地区まで徒歩で約10分。若宮通りを歩くと加茂湖沿いにコの字型の木造建築が見えてくる。　下／玄関先の三和土（たたき）にも、風雅な意匠が施されている。
左頁・上下／建物の一番奥にある二間続きの客間に宿泊した。部屋の内部は襖絵や戸板絵など華美な意匠が設えてある。

ここは佐渡、黄金の島――
築130年の妓楼は
今なお艶やか

目の前に広がる加茂湖
かつては対岸から小舟で
客が訪れたという

右頁・上／1階の帳場脇にある広間が宿泊客の食堂。襖絵に囲まれた絢爛豪華な部屋で地元の食材を使った料理をいただく。客の席は金の衝立で仕切られている。　右頁・中／夕食。この日のメニューは、刺身の盛り合わせ、焼き魚、焼き海老、さざえ、蟹のあんかけ。これに鍋が加わり、味噌汁は大きな椀に蟹が一杯入っていた。　右頁・下／朝食。この日は、いか刺し、カレイの干物、めかぶ、筋子の大根おろし、他。お椀もご飯も格別に美味しかった。

上／金沢屋旅館の庭から続く加茂湖の波止場。往時は対岸から小舟で客が訪れたという。廓文化特有の風流な習わしである。早朝、波止場へ行くと、宿のご主人がカモメに餌を与えていた。

漁業と金山で栄えた島

テレビ画面にはアマゾンの奥地に暮らす「ガリンペイロ」（ポルトガル語で金鉱採掘人）が映っていた。ＮＨＫスペシャル大アマゾン　最後の秘境　第２集「ガリンペイロ　黄金を求める男たち」である。金鉱山で汗を流す〝スネに傷を持った〟男たちは、一攫千金を夢見て黄金を掘り続ける。そして彼らが暮らす飯場の近くにはどこからともなく女たちがやってくる。過酷な労働現場に酒と女は不可欠だろう。とはいえ、娼婦がアマゾンの奥地までやってきたことに驚いた。

日本には400年続いた佐渡金山がある。佐渡は同時に漁業で繁栄した島でもあった。

佐渡島の玄関口となる両津港の近くには、かつて両津夷《えびす》遊廓と両津湊《みなと》遊廓があった。古くから漁業によって繁栄した両津港から、北へ向かうと両津夷地区、南に両津湊地区が続いている。

昼食に繁華街の裏通りにある寿司屋へ入ると、気立てのいい女将さんが古地図を取り出して見せてくれた。

「ちょうどウチの店があるこの辺りも遊廓があったようです」

女将さんが指さした古地図には、屋号が描かれた妓楼が軒を連ねていた。

『全国遊廓案内』によれば、両津夷遊廓は〈貸座敷七軒四十名位〉と書かれている。

「もうこの辺りに遊廓だった建物はありませんが、湊（地区）には金沢屋さんという旅館が残ってますよ」

両津橋を渡り、旧両津湊遊廓があった場所へ向かう。通りに

高所から望むかつての夷遊廓跡。道の両側に大きな屋根の家屋が整然と並ぶ。

面した金沢屋旅館は、コの字型の木造建築と格子戸の意匠が往時を偲ばせた。明治20年に建てられたというのだから築130年ということになる。引き戸を開けると、金文字で「金澤楼」と描かれた往時の看板が出迎えてくれる。ロビーの壁に飾ってあるロシア紙幣には「アメリカの原油タンカーが両津港に入港。遊興で支払ったロシア紙幣。大正10年頃は未だ自動車がなく遊覧船で送迎していた」と説明書きがあり、100年前に外国人の船員が立ち寄って遊んで帰った様子が見て取れた。また旅館内に多く飾ってある伊万里焼などの陶器は、かつて結婚式などで使用した器とのことだった。当時は遊廓が宴会場としての役割を担っていたことが分かる。「両津町史」によれば、両津の遊廓は明治後半から大正期にかけて全盛期を迎え、夷町（現在の夷神明）で20軒、湊町（現在の両津湊）に10軒あったが、戦後は夷町3軒、湊町1軒にまで衰退し、売春防止法の施行とともに消滅した。

翌日、佐渡金山からほど近い相川の水金遊廓跡を訪ねた。江戸時代、相川は佐渡金山と佐渡奉行所のある佐渡国の中心地だった。金山で汗を流す鉱夫たちも束の間の安らぎを求めて通ったであろう水金遊廓の跡地には、遊女たちの供養塔が建っている。近所の住民に供養塔のことを尋ねると、近年、ある人が私的に建てたらしい、とのことだった。

また水金遊廓近くの本興寺には遊廓の楼主が建てた「情死之墓」が残っている。奉行所の青年と若い遊女の心中だった。江戸時代の心中は重罪だったので、墓が残っているのは全国的に珍しいという。金鉱夫と役人、そして遊女たち……。黄金の残光が静かな町を照らしていた。

［取材年月］平成28年8月

上／金山の近くにある水金地区にはかつて水金遊廓があった。水金川の両側に11軒の妓楼が軒を連ねていた。川に掛かる橋は往時のままだという。　下／本興寺の墓地に残る「情死之墓」。奉行所で働く青年と若い遊女の恋は悲劇的な結末を迎えた。

新潟県新潟市

旅館福田

Ryokan Fukuda

船乗りに愛された通称・十四番町遊廓

右頁・上／旅館福田の外観。通称「十四番町遊廓」の規模は昭和初期当時、貸座敷94軒、娼妓500人。全国的な知名度を誇る遊廓だった。昭和8年生まれのご主人は「ここで生まれ育ったのはもう私一人だけなんです」と語る。　右頁・下／玄関入口。幅の広い階段と下足入れは明治21年竣工当時のまま。大きな下足入れに施された意匠が目を引く。階段の左手に帳場が設えてある。上／階段を上がった2階ホール。廊下の床板は見たことのない幅。右手前の部屋入口は斜めに設えてある。廊下左側もすべて客間。廊下の奥まで襖が続いている。　下・右／夕食。比較的年齢の若い客が多いからか、食事の内容は量も多く、また港町故に豪華だ。この日は、刺身盛り、鮎、アジフライ、毛ガニまでテーブルに並んだ。　下・左／食堂。1階の食堂には4人用の座敷テーブルが連なり、1度に大勢が利用しても賄える広さだった。造船会社から派遣された工事関係者が入れ替わり長期で宿泊していることもあり、稼働率は高く、季節によってはほとんど空き部屋がない。

高麗犬に願いをこめて

新潟駅から北へ向かって万代橋を渡り、更に本町通を北上すると本町通十四番町に到着する。距離にして3キロ。明治から戦前にかけて全国的な知名度を誇った「新潟遊廓」、通称「十四番町遊廓」も、いまではすっかりアクセスの悪い場所に追いやられていた。

『全国遊廓案内』によれば〈貸座敷九十四軒娼妓五百人芸妓約六十人居つて芸妓は遊廓妓楼に抱へられて居る〉と書かれている。

旅館福田を訪ねる1か月前、予約の電話を入れると意外な答えが返ってきた。「いま満室なので月末にもう一度連絡してください」。転業旅館のほとんどは、駅前のビジネスホテルに押されて空いているはずと、高をくくっていた。改めて月末に連絡すると「一部屋空きが出たので大丈夫です」と、なんとか予約が取れた。旅館に到着して分かったことだが、明治22年に建てられた旅館には、近くの造船会社に勤める工員が長期で宿泊しているのだという。

港町の新潟は古くから花街として栄えた。往時のままだという階段を上り、3代目のご主人

に2階の部屋へ案内してもらう。細い廊下を歩くと、引き戸が開いたままの部屋から長期滞在する住人の生活感が垣間見えた。

　部屋に荷を下ろし、旅館福田から1キロ離れた湊稲荷神社へ向かう。古くから漁業者や海運業者の信仰を集めた神社は、遊廓で働く女性たちの信仰を集める場所でもあった。神社にある「願懸の高麗犬」は台座に乗っていて、方角を変えられる。かつて遊女たちは夜中に油揚げを持って神社へ出向き、高麗犬を西に向けて祈願したという。

「西風が吹いて海が荒れるように」

　海がしけて船が出航できなければ、船乗りはまた店へ戻ってくる。

　この家で生まれ育ったというご主人は、少年時代の光景がいまも鮮明に残っているという。格子戸を覗いて女性を品定めする客の姿、若い女の子の手を引いてやってきた女性の女衒——。

　それでも華やかだった頃の懐かしい記憶に表情が緩んだ。

「昔はここだけ花が咲いたように明るかったそうですよ……」

［取材年月］平成28年8月

右頁／現在の十四番町（下）。上にある往時の写真（下川耿史・林宏樹共著『遊郭をみる』筑摩書房刊より）とほぼ同じ画角で撮影した。道幅はまったく変わってないという。また正面の突き当たりに見えるのは浄信院入船地蔵尊。この建物も変わってないことが分かる。　上／全国的にもパワースポットとして知られる湊稲荷神社は、古くから漁業者や海運業者の信仰を集めた。境内には十二支方位盤がある。　下／鳥居をくぐったすぐの場所にあるのが「願懸の高麗犬」。台座が動くようになっていて、遊女たちは西風が吹いて船が出ないように台座を西に向けて願掛けしたと言われている。

ひがし茶屋街にひっそりと佇む宿

■ 石川県金沢市

陽月

Yougetsu

上／ひがし茶屋街のメイン通りに面した外観。軒灯が石畳を照らす頃になると抒情的な光景が広がる。　右頁・下／朝食は1階にある個室を利用する。個室の窓から小さな中庭が見える。建物に中庭があるのも花街建築の特徴だ。　左上／入口玄関。町家らしく玄関の間口は狭く、建物は奥に長く延びている。黒光りした急な階段を2階へ上がる。　左中／2階へ上がると正面に設けられた金屏風が目に入る。両側に客間があり、宿泊している客が利用する広間となっている。　左下／雰囲気を演出してくれる五右衛門風呂。ちなみにトイレは洗浄機付き便座を使用。外国人にも好評。

3部屋だけ、予約は電話のみ

「ひがし茶屋街」といえば、石畳の通りに出格子が並ぶ金沢観光の名所として知られるが、かつては「東廓《ひがしのくるわ》」と呼ばれる遊廓だった。

現在のひがし茶屋街ができたのは文政3（1820）年。加賀藩が金沢城下に点在していた遊廓を「ひがし」と「にし」にまとめて開業を許可したのが始まりである。やがてひがしは「東新地」と呼ばれるようになり、明治以降は芸妓がほとんどとなったことから、次第に格式の高い茶屋街になっていった。いまも藩政時代の情緒を色濃く残すひがし茶屋街は、街並みの文化財として国の重要伝統的建造物群保存地区になった。加賀大工が腕を競って意匠を凝らした建物は時が止まったような景観である。

2階建ての茶屋建築が並ぶメイン通りに、一軒の民宿がある。町家を改装した3部屋だけの風情に満ちた佇まいの宿だ。

宿の予約は何度目かの電話でやっと取れた。出迎えてくれた人当たりの良いご主人が、2階にある通り沿いの部屋へ案内してくれた。

「ウチはもう電話一本なんですよ。FAXもない。外国のお客さんも予約は電話になります。日本語のできる方が代わりに電話をくださいますね」

昭和37年に旅館を始めた母から引き継いだ、という宿のご主人は語る。

翌朝、目を覚まし窓の外を見る。朝日の当たる石畳に、まだ観光客はいない。玄関から外に出ると宿のご主人に出くわした。

「おはようございます。実は愛宕遊廓について聞きたいのですが……」

「遊廓はすぐ近くですよ、こっちです」

表通りから裏通りへ進んでいくご主人の後について、愛宕遊廓があった跡地へ向かった。往時、庶民が通ったのは娼妓のいる愛宕遊廓だった。茶屋街に隣接する愛宕遊廓は戦後、赤線となり賑わったという。

『全国女性街ガイド』（昭和30年）は次のように記している。

〈赤線の代表は、駅から二十分の愛宕で三十六軒に百八十四名いる〉

かつて庶民が通った遊廓は、人目を避けるように格式の高い茶屋街の裏路地に佇んでいた。

［取材年月］平成29年7月

上／「東新地絵図」より、幕末のひがし茶屋街の様子。 金沢市立玉川図書館所蔵。　下／2009年のリニューアル時に改修した大工が驚いたという立山杉の天井。はっきりと木目が浮き出ている。この天井があるのは、通り沿いの部屋（2〜3人用）。漆が塗られていない天井板は、それだけ品質が良く貴重なものだという。　左頁・上／宿にある3部屋の中で一番大きな部屋。花街を象徴するベンガラ色を使った壁には「牡丹楼」の書の額が飾られている。左頁・下／天井が低く、茶室の雰囲気がある最も小さな客間（1〜2人用）。ある有名作家は金沢へ来る際、いつもこの部屋を利用するという。

牡丹楼

■ 京都市下京区

宿や平岩

Yadoya Hiraiwa

宿の外観は「平岩楼」だった往時の姿をそのまま留めている。2016年に内装を改修し「宿や平岩」（旧旅館平岩）としてリニューアルオープンした。外国人バックパッカーに人気が高い。

五条楽園の
遊廓遺産を巡る

かつての遊廓は外国人観光客に人気の宿に

2階廊下。廊下の先に見えるのは壁に施された丸窓、その手前が木製の欄干。どちらも往時の意匠である。　右頁・上／宿で最も広い4人部屋。壁際に畳まれた布団の上にはアイロンを当てた浴衣が用意されていた。　右頁・右下／左奥に見える神棚は創業当時から飾られている。また右手の階段に掛かる真鍮の手摺も遊廓当時の意匠だという。　右頁・左下／階段の踊り場から見た2階の欄干。左隅に見える手摺は南天の木を使用。どちらも遊廓時代の意匠。

宿泊客の8割は外国人

　高瀬川に架かる橋を渡ると、左手に「サウナの梅湯」がある。この場所に平成22年まで「五条楽園」の看板が掛かっていた。まっすぐ鴨川のある東へ向かうと、通りにはかつて「お茶屋」として営業していた建物が目に映る。五、六十メートルも進めば、左手にひと際立派な唐破風屋根のある「宿や平岩」に到着する。外観は妓楼当時のものだが、建物の中は清潔感のあるビジネス旅館だ。

　館内の壁には英語の注意書きが並ぶ。聞けば、宿泊客の8割は外国人。「外国人は1、2か月前から予約が入るので、どうしても海外のお客様が多くなるのです」。そう語るのは、まだ20代の3代目当主。自らバックパッカーとして海外を放浪した経験が、旅館の経営に活かされている。

　かつては七条新地と呼ばれた遊廓だったが、戦後は赤線となり、売春防止法が施行されると五条楽園の名称になった。同時に往時の「平岩楼」は転業旅館として「旅館平岩」に生まれ変わった。

　『全国女性街ガイド』には、七条新地が次のように記してある。〈通称を橋下といい、五条大橋から七条までの西側の川沿い。百六十八軒に七百五十名の女たちがいる。京都的というより全国赤線的なシマで粒は不揃いだが、遊ぶには活気があっていい。疎水をはさみ西と東に分かれているが平均して安く、遊び三百円、泊り千円。昨年までは写真をショーウィンドのように飾っていたが、現在は〝照らし〟といって、蛍光灯のスポットを当てた陳列棚に女が並んでいて、のれん越しに顔が見える。検診は東側が火曜、西側が月曜〉

五条楽園を代表する遺構の本家三友。平岩と同じ棟梁が建てたという。

売防法施行以降も、五条楽園のお茶屋が風俗営業を続けていたことは暗黙の事実だったが、平成22年に売春防止法違反で経営者が逮捕されると、江戸時代から続いた遊廓は遂に幕を閉じた。以降の街並みは時間が止まったままである。しかし、閉店したかつてのお茶屋や独特なタイルを用いたカフェ建築、町家が軒を連ねる色街の情緒は、いまも訪れる人を魅了し続けている。

［取材年月］平成28年11月

上／木造3階建ての旧歌舞練場（現・五條会館）。現在は音楽やダンス等、様々な催しが開催されている。
中／五条楽園でひと際目を引く建物が、任天堂旧本社屋（昭和8年築）。世界の任天堂はこの場所から始まった。
下・右／「京都七條料理飲食業組合員之章」と施された鑑札。
下・左／五条楽園を流れる高瀬川。遊里の風情を感じさせる。

■ 京都府八幡市

多津美旅館

Tatsumi Ryokan

旧橋本遊廓の一軒宿

玄関から右手に進むと中央に大きくて勾配の急な階段が現れる。まるで来客を2階へ誘っているような錯覚に陥る。　右頁・上／多津美旅館の玄関ホール。左手に見えるダンスを踊る男女のステンドグラスが目を引く。内側の照明がステンドグラスを透過する仕掛けになっている。　右頁・下／階段を上がって右にある道路が望める2間続きの和室に宿泊した。生活感のある調度品に家庭のような安らぎがあった。

右上／橋本駅の近くにある老舗食堂「やをりき」の創業当時から続く名物オムライス。懐かしい味だった。
左上／「やをりき」の店内。かつて2階にはダンスホールがあった。橋本遊廓の歴史とともに歩み、いまも古くからの常連が通う。
右下／渡船場の石碑。この辺りにあった小屋で茶汲み女が客の袖を引いたのが橋本遊廓の起源といわれている。
左下／橋本駅のホームから望むかつての歌舞練場。検番も兼ねていた。売防法後はアパート天寿荘となった。

新撰組も通った遊里

京阪本線の橋本駅で下車すると、ホームから大きな木造建築が目に映る。廃墟化した建物は旧橋本遊廓の検番跡。その唐突な光景にしばらく足が止まったままになった。

旧橋本遊廓の貸座敷の多くは住宅に改築されたが、駅前から続く光景は、映画のセットのようにいまも往時の雰囲気を留めている。

京と大阪を結ぶ京街道の遊里は古くから栄えた。

淀川対岸の山崎と橋本を結んでいた渡し船の船着き場にあった小屋で茶汲み女が客の袖を引いたのが起源だといわれている。そして明治43年に京阪本線が開通すると、電車が客を運んでくるようになった。

売春防止法が施行される前夜

往時の姿がそのまま残る〝奇跡の街〟

大谷川越しに望む多津美旅館。この景色は往時とそれほど変わってないだろう。遊女たちはこの景色に何を想ったのだろうか。

に出版された『全国女性街ガイド』には次のように書かれている。

〈勤王の志士と新撰組とが仲よくかくれ遊んだので大きくなったという淀川べりの遊里。男山八幡宮のふもとにあり、落ち着いた放蕩にはもってこい。関西の粋人は京阪神を避け橋本へこっそりやってくる。七十五軒に二百六十二名、大店は辻よし、石原。泊りは千円でよろしおまっせ〉

多津美旅館は、かつて「本通り」と呼ばれた目抜き通りにあった。

目印に「淀川温泉　旅館多津美」「お泊りお一人様3000　休憩3000より」と書かれた看板が掛かっている。売防法後に許可を受けた旅館は「温泉旅館」に転業するはずだったが、結局温泉は「冷泉（25℃未満）」しか出なかったという。

そして幸運にも宿の女将さんから遊廓時代を知る人物を紹介してもらうことができた。

「ここは男の人の川。男の川やった。そう母が言っていたのを覚えています。この狭い道を向こう側へ渡れないほど、男の人の行き来で溢れかえっていた。夕方4時を過ぎると、私ら子供は店の前の通りへ行かないように言われてました」

祖母の代から続く妓楼に生まれ育ち、いまも妓楼を改築した住宅で暮らす女性が語った言葉である。

そして胸の内を吐露するように続けた。

「亡くなった母はよく『売防法ができて本当によかった』と言ってました。立派なお家とは違うんですよ。情けなさと悲しさが染み付いているんです」

【取材年月】平成28年11月

■インタビュー

遊廓に生まれて

宮尾登美子の世界でした。ホンマに!!

父親が遊廓しだした時に、検番っていうんですか、遊廓の組合やわね。そこにいわゆる仲介人がいやはるわけやけど、その人が娘を買いに行くのに、父も九州なんかに付いて行ったことがあると言うてました。買い付けしやはる訳です。そういう商売があったんやなぁ、現実に。そやからもう……うちの母親なんか、もともと遊廓を経営していたのやないから、心根は違う面からの思いで、遊廓がもうだんだんとなくなるっていうような時期には、女の人にもちゃんとお金をためて、この商売がなくなった時には自立できるようにということで貯金をさせたりとか、そういうようなことも勧めてたと言うてました。なかったように思いますね。誇張されてる映画や小説にあるような、あくどいことはなかったようにわたしは子供心に思っていました。

昭和33年やから、わたしが中学3年生で、お商売がなくなった。そのころは思春期で、学校行ってる時も、ま

旧橋本遊廓の多津美旅館に
残るステンドグラス

してや入学する時には、おうちがそういう遊廓やいうのんは隠して行かんならんような時代でした。私学やったからね。だから思春期には父親に「なんでこんなお商売したん?」って言うて反抗をしたのをいまでも覚えてるけど、だけど父の答えは「泥棒するか、このお商売するか、食べていくためや」と。「そのおかげでお前は学校へ行けてるのや」と言われたら、もう二の句がなかったのを覚えてます。やっぱりみんなここで大きくなって学歴をつけてもらったけれども、それはそれでものすごく批判する気持ちがありながら、やっぱり親のおかげやったなって思いつつ、未だにここに住んでます……。

江戸末期は京街道の宿場町でした。明治になり芸妓さんが存在し、料理屋があり、それも数軒しかなかった。

格子のところに立つのんじゃないの、橋本はね。暖簾をくぐったら、もうそこに女の人が座ってはる。ここではお化粧をしたり、それからお店に、張らはるというのかな、だからこれは皆さん共同の所有場所みたいな感じ。33年までずっと女の人が座ってはった。そやけども、その検番って組合やね、そこから配られる暖簾があった。その暖簾から外へは出ていけませんという規制はあったみたいです。だから呼ばはるおばあさんが、道を歩いてはる男の人を中へ呼び込んで、女の人のお顔をみせる。で、気に入らんかったら出はる。でも女の人がいまのネオン街の黒服みたいに直接出て、呼び込みをするというのは禁止されてた。暖簾から出てはいけませんと。その代わりにみんなはずっと座ってはったね。他の遊廓のように写真とか格子の間から見るというのでは、橋本はなかった。

うちの家は父親が失業後に始めた商売で、それまでは遊廓の中にあった、仕舞屋《しもたや》でした。うちは10年ほどしか遊廓経営はしてないのですけど、初めは自分の住まいに女の人を2、3人置き、検番に申し立て、お商売として始めたそうです。父親が失業する前の月給が14円くらいやったんが、2晩ほどで儲かった言うてました。そういうところは、いかにあくどい商売であったかと思う……。そらもう母親がよう言うてました。「昭和33年にこうして売春防止法ができへんかったら、あんな商売はやめられへん。隣がしてはんのに自分だけが商売をやめるいうのは……すればお金が入ってくるのやからね、なかなかやめられへん」。だから母は人生で売春防止法があってホントによかったって言うてました。

結局、33年3月でここはみんなピタッとお終いになった。もう闇もなんにもなし。そらキレイに。もう田舎やからね、ピターッと法を守りました。

ここは明治43年かな、京阪電車が開通し、それまで原っぱやって、草がいっぱい生えてるような空き地に、大阪あたりの松島とかそういうとこで親戚のおばさんが遊廓してはったり兄さんが遊廓してはったというお方が土地を借りて、家を建てて、お商売、遊廓を始めはりました。それからダーッと広がって、一気に。それが88軒。それがなくなったら当然、職を変えんなりません。

まぁみんなその準備はしていやはりました。経営してる側は転職を考えてはった。もうほんまにお金が入って来ないのやからねぇ。それまではもうありがたいことに、そらびっくりするほどのお金儲けやからね。

その後、旅館経営としてお商売替えをする家主があり、現在、1軒だけ残っている状況です。

旅館にするには条件があったわけ。やっぱり敷地がなんぼで、部屋数がなんぼで、どれくらいの建てもんであるかというのでないと許可がおりない。温泉が出るということで、掘削しはったんやけど、結局冷泉やったので、遊廓のあと温泉町というような形で旅館の許可がおりたけれど、(何軒か、4軒か5軒やったかな?)それを温泉旅館として経営してはりました。でもあまり繁栄してませんでした。

お商売をやめた後、母が階段を拭く度に、京都人の方言で、自分のことを「ワテ」と言うのですが、「ワテはもう辛い、遊女がこの階段をどんな思いで何度上がり下がりしはったかと思うと胸が痛い」って言うてました。

もっともっと現実は悲しい、遣る瀬無いっていうようなことが染みついてる。その女の人の思いがね、染みこんでる。現在そら一つの部屋みて畳替えるのにしたって「あぁこんな狭い部屋で自分の体売ってはってんなぁ」と思うと、この年になっても「どんな思いやってんやろなぁ」って思う。私らは現実にそこで生まれて、そこで暮らし、生活ができたことに「ありがたかったなぁ」って思うのと同時に「辛かったんやろうなぁ」って。それが我が身やったらというようなことを、やっぱり感じます。なのに、その家を残しておいて、暮らしているのも理不尽に感じます。けど、現実はここを離れたいと思う人はたくさんいやはると思います。そら武家屋敷など、ずっと代々続いてきたものを守っていくのは大変やと、そういう想いとはまた違う。遣る瀬無さと哀しさがついて回ってます。

そうやね、でも時間が経てば経つほど、なんていうんでしょう、世の中そんだけ、そういう時代があったなぁと振り返る余裕ができてきたという象徴でしょうなぁ。それでもさっき話したように、時代を流してしまいたいという人の多いことを肌で感じます。

※平成28年11月、橋本遊廓で生まれ育った女性にインタビューし、お話ししていただいたことをまとめたものです。

遊女の嘆きが眠る「地下牢」を見た

番外 3 京都市上京区

焼肉「江畑」

Ebata

昭和の懐かしい風景が残る西陣地区。夕暮れになると次々と客が入店していく。水上勉の名作『五番町夕霧楼』の舞台となった五番町遊廓跡地にある焼肉「江畑」は創業40年。80年前の妓楼を改築した店だ。

五番町遊廓の名店に語り継がれる秘密

『五番町夕霧楼』は水上勉による小説だが、舞台は実在した京西陣の色街、五番町遊廓である。戦後は西陣新地と名称を変えて営業していたが、売春防止法の施行によって閉鎖され、現在は住宅地となっている。

　五番町遊廓跡地にある焼肉「江畑」は食通の間で知られる名店。カウンターに座ると、目の前で店員が肉を焼いてくれる。店内に飾られた新聞の切り抜きが目に留まる。記事には妓楼を改装した店であることや、ご主人が子供時代に見た五番町の思い出が書かれていた。

「そうや。ここの下には座敷牢がある。女の子が悪いことしたらペンペンや（笑）」

　そして地下にある座敷牢を見

右頁・上／卓上型のコンロが並ぶカウンターでは、担当の職人が目の前で料理を提供してくれる。この日は釣りが趣味だというご主人の釣った魚がサービスで客に振舞われていた。　右頁・下／「朝9時から仕込みを始める」という新鮮なホルモンは絶品。お任せメニューはすべて驚くほど美味しかった。

せてもらえることになった。店の若い従業員に案内してもらう。後ろについてくる私に若い従業員が語りかけた。

「壁には遊女が書いた殴り書きがあるんですよ……」

ちなみに京都土産で有名な生八ッ橋「夕子」は愛らしいイラストで知られるが、「五番町夕霧楼」の主人公、夕子に因んで名付けられた商品名だという。

［取材年月］平成28年11月

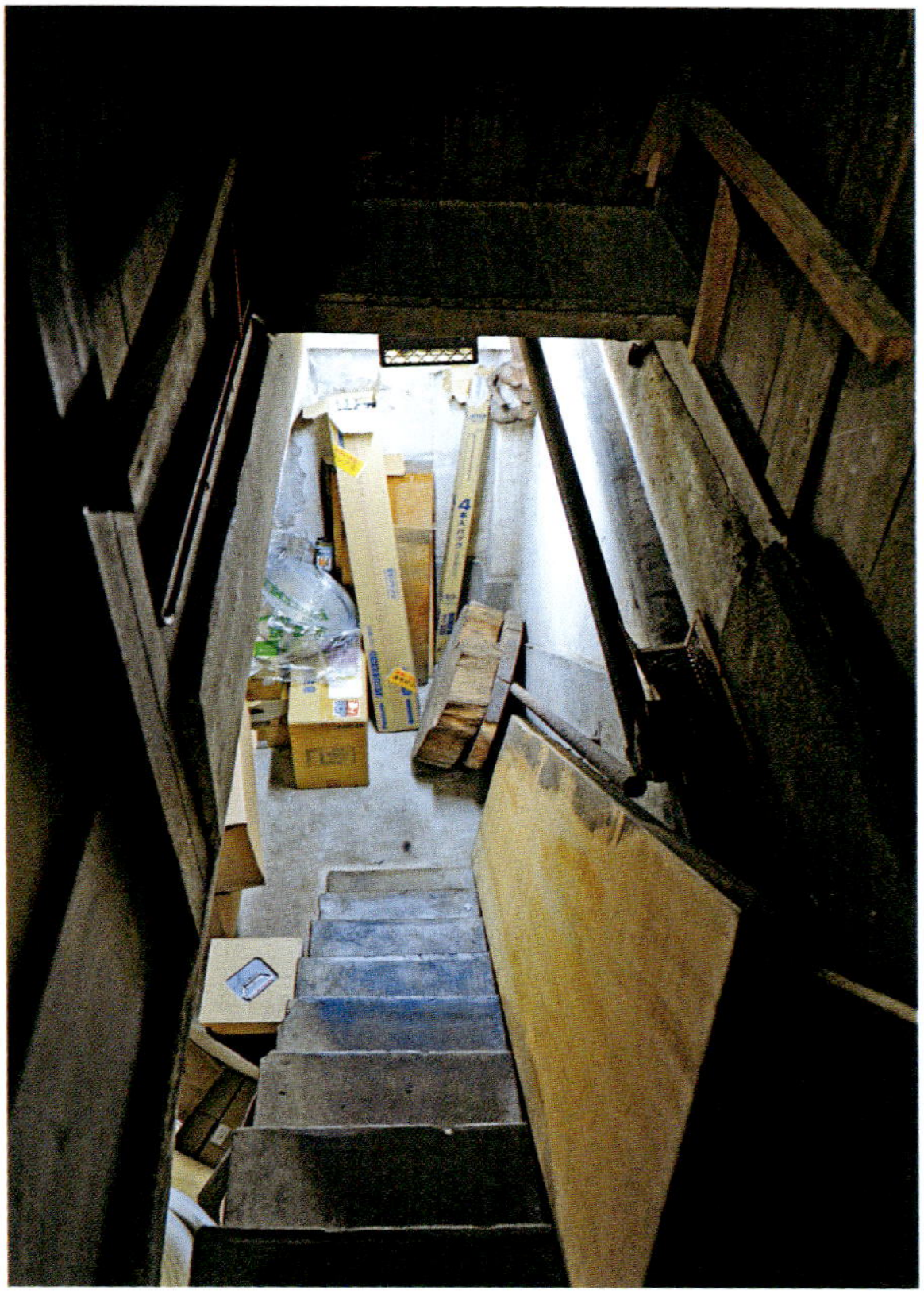

上／地下へと通じる暗くて急勾配の階段には、八十数年前に建てられた当時の雰囲気が残っていた。現在は倉庫として使っているが、かつては地下牢だったという。店のご主人は冗談っぽくそう語った。　下／「遊女がなぐり書きしたと言われている壁があるんですよ」。案内してくれた従業員は店に伝わる噂を教えてくれた。確かに壁にはなぐり書きのような文字が確認できた。建築業者の走り書きにも思えたが、真相は定かでない。

100年前の遊廓に心惹かれて

顔見世の間。「松に白鷹」図の襖絵。いまは水を張ってないが、往時は池に浮かぶ舞台に遊女たちが並ぶイメージだったのだろう。大正5年に顔見世が禁止になったことを考えると、あくまで「飾り」だったと思われる。

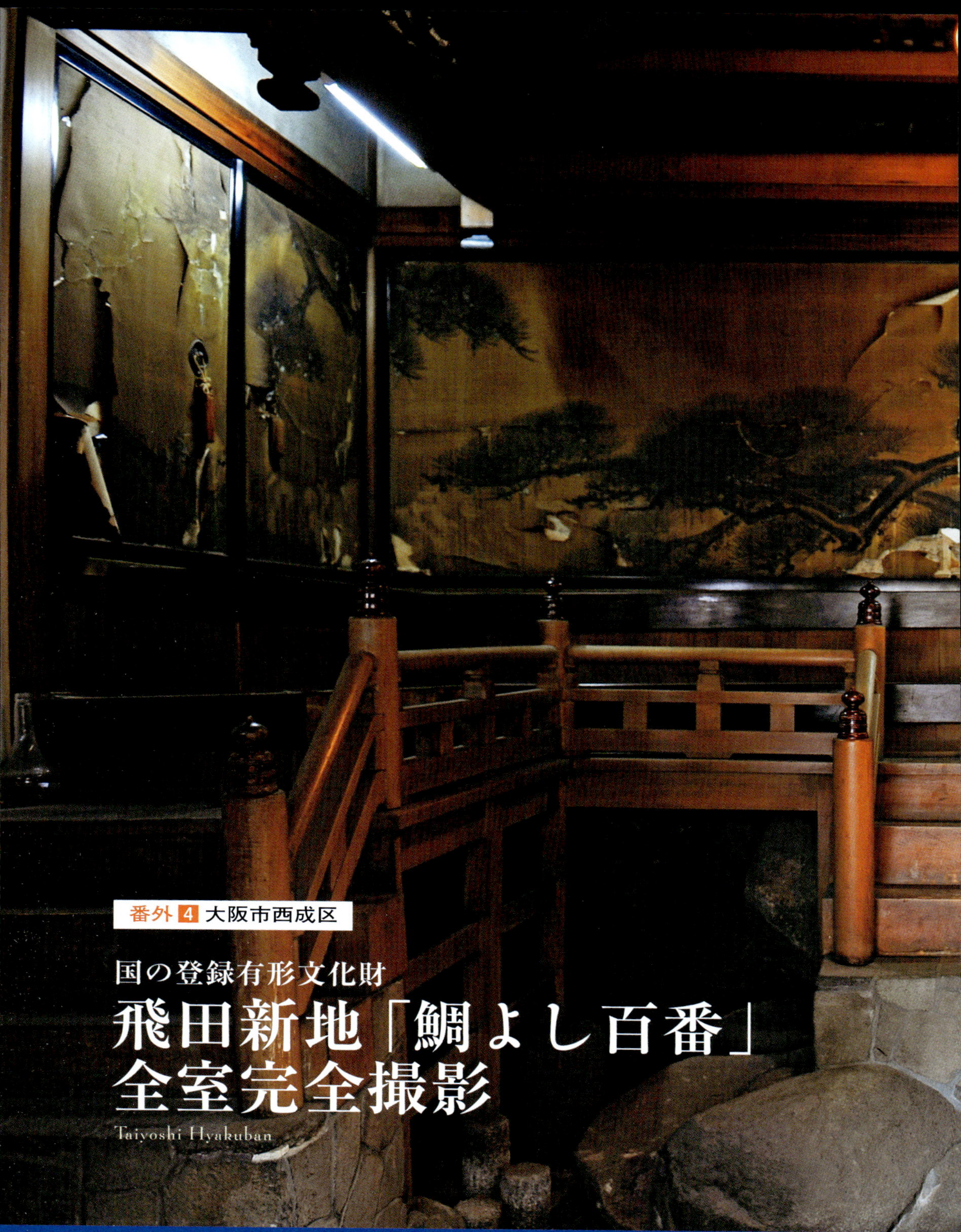

番外 4 大阪市西成区

国の登録有形文化財

飛田新地「鯛よし百番」全室完全撮影

Taiyoshi Hyakuban

赤い絨毯が敷かれた太鼓橋。

遊女たちの声が
聞こえるほどに
生々しく

上／正面玄関。鯛よし百番（旧百番）は飛田新地の大門から最も離れた東門近くの大店である。1階北側には道路に沿って出格子と御影石の柵が並ぶ。　下／日光の間。待合室として使われたのか応接セットがある。正面奥には金地の「天女飛翔図」。朱塗りの柱の右側には付書院がある。

上／桃山殿は「牡丹」「鳳凰」「紫苑殿」の3部屋からなり、最も大きく豪華な部屋である。撮影した日は「鳳凰」と「紫苑殿」を使って宴会の準備がされていた。右側に見える鳳凰の間の襖絵は「御所車」、紫苑殿の襖には「紫苑の群生」と「紫苑の花に鳥」が描かれている。　下・右／唐破風の下をくぐり店に入ると、赤絨毯が敷かれたホールに、虎の屏風が目に映る。屏風の奥に下足入れがあり、左奥には中庭が見える。　下・左／ロビー奥にある階段は遊客用。親柱は擬宝珠風。左が三條大橋、右は三條小橋。階段の奥には帳場がある。　左頁・右上／中庭の池には飛石、陰石と陽石からなる石組みの夫婦岩がある。最も大きな樹木は2階の屋根の高さを越えている。

下・右／桃山殿の西壁面に描かれた「秀吉と北政所の醍醐の花見図」。傷みは激しいが、その分だけ迫力がある。　上・左／唐破風に百番の文字が彫られた看板。懸魚（げぎょ）と呼ばれる飾り板には透かし彫りの牡丹が施されている。　中／清浄殿と呼ばれる便所。天井には色鮮やかな花が描かれている。酒席では利用することが多い場所だが、徹底した世界観に酔いが醒めることもないだろう。　下・左／右側に中庭。左側に見えるのは日光東照宮を模した陽明門。入口左には鳳凰が描かれ、その上部には唐獅子の彫り物。眠り猫まで細かに施されている。

飛田新地の夏祭り。毎年、日本三大祭り「大阪天神祭」と同日に開催される。2日間にわたって、神輿が廓を練り歩き、商売繁盛を祈願する。「たーんとたーんと、めでたいな」と掛け声が上がり、屋号が読み上げられる。　右頁・上／最も人気のある部屋の一つ、船の設えがある「喜多八の間」。十返舎一九の「東海道中膝栗毛」の主人公、弥次郎兵衛と喜多八にちなんで付けられた。　右頁・下／「喜多八の間」の座敷から入口のある障子を引くと、向かい側の壁には、富士山を望む情景がある。旅気分に浸ることのできる風流な仕掛けになっている。

設計者、施工業者も不明

「鯛よし百番」は大正時代に建てられた遊廓建築の原形を留める希少な建物であり、通称・飛田新地という場所にありながら、女性も安心して入店可能な鍋料理店である。

地下鉄御堂筋線の動物園前駅から徒歩で10分。飛田新地に一歩足を踏み入れると、辺りの雰囲気が一変するのを感じるだろう。百番は大店ということもあり、料亭という名のちょんの間が軒を連ねる廓の中で、ひと際目を引く存在だ。その歴史は１００年前に遡る。

飛田遊廓は明治末期に大火災で焼失した難波新地の代替地として、大正7年に貸座敷58軒から始まった。昭和初期にはすでに２００軒を超える妓楼が建ち並び、松島、吉原と並ぶ日本最大級の遊廓に発展していった。

戦後は赤線となり、昭和33年に売春防止法が施行されると、表向きは料亭街として営業を続けてきた。

また戦災を免れた遊廓跡であることから、廓としての区画がはっきりと残っている。いまも区画の一部に通称「嘆きの壁」と言われる高さ4メートルほどの塀を確認できる。遊女たちが逃げ出せないため、そして俗世間との境界でもあったのだ。

その後、昭和44年に「居酒屋チェーン百番」へ経営権が渡り、料亭「鯛よし百番」として今日に至っている。資料によると、竣工は大正中期とあるが正確な記録は残ってない。設計者、施工業者も不明である。また宮大工に競わせて建てたとされる妓楼は、悪趣味ともいえる派手な意匠の一方で、手の込んだ建具や格子など職人のこだわりが随所に確認できる。また橋や船をモチーフにすることで日常性を忘れさせる遊び心が施されている。

「鯛よし百番」は、平成12年に国の登録有形文化財に登録された。

大正時代の粋を集めた遊廓建築が、ほぼ施工当時のまま今日まで残っていることにただ驚くばかりである。建物内部の傷みは、所々かなり激しいが、それもまた魅力のひとつといえるだろう。華美な意匠は１００年の時を経て、見る者に退廃的な美しさを帯びて迫ってくる。

［取材年月］平成27年11月

■ 奈良県奈良市

静観荘

Seikansou

「日本最古の遊廓」にある転業旅館

静観荘の外観。旅館は観光客に人気の高い「ならまち」の端に位置している。玄関には大きな唐破風がある。赤いホンダS800は静観荘ご主人の愛車。いまもツーリングへ出かけるらしい。築100年を迎えた旅館に鮮やかな赤いビンテージカーが映える。

他には類を見ない広大な
日本庭園がある元妓楼
外灯が点くと色気が増す

上／灯りを点した回廊は大浴場へ続く。右手には広く手入れの行き届いた中庭が見える。　下／玄関ホール（右）とその右手の帳場（左）。帳場の大きな磨りガラスには奈良観光を代表する法隆寺の五重塔や奈良公園の鹿が施されている。

左頁・上／ロビー。戦後は一時的にアメリカ軍の慰安所となり、ソファの置かれている場所はダンスホールとして使用されていた。　左頁・下／赤絨毯が敷かれた階段はそのまま2階廊下まで延びている。廊下の両側は客室。客室の壁には色街を想わせる梅、入船、千鳥といった意匠を凝らした飾り窓が目に映る。

手入れされた中庭の絶景

JR奈良駅から観光客で賑わう「ならまち」地区を歩く。戦災を免れた町並みは昔ながらの雰囲気を色濃く残している。格子戸の町家が並ぶ通りを南に進むと一軒の古い旅館がある。唐破風のある入口からフロントへ向かうと「静観荘」のご主人が2階の部屋へ案内してくれた。客間に続く赤絨毯の敷かれた廊下には色街を想わせる梅、入船、千鳥といった意匠を凝らした窓が目に映る。

「いまの静観荘は昭和33年まで岩谷楼という遊廓でした。当時はこの辺りもずいぶん賑やかだったそうで、岩谷楼には名の知れた歌舞伎役者なども遊びに来たそうです」

昭和30年生まれのご主人はざっくばらんな雰囲気で語った。

かつてこの辺りには日本最古といわれる木辻遊廓があった。そして旅館からほど近い元興寺（世界遺産）と木辻遊廓には深い関係があるという。

『全国遊廓案内』には次のように書かれている。

〈今より約一千二百年前、元興寺を建立する時に、職人、工人、其他の人々の足留策の一つとして木辻に「奴婢」なる者を置いたのが今の遊廓の元祖だと云ふ事である。（中略）現在貸座敷が三十八軒あつて、娼妓は三百十八人〉

日本最古の遊廓も時間とともに衰退していく。

〈最近は、全盛期四十二軒の青楼も十四、五軒に朽ち果て、女はやっと四十九名――〉（『全国女性街ガイド』）

売春防止法が施行されると、数軒が旅館に転業したという。

「結局、宿はここ一軒だけが残りました。子供の頃に婆さんから『ここに来る女性の中には初めて履物をはいた子もおるんやで』という話を聞いたのをよく覚えています。あの頃の日本はまだ貧しかったということでしょうね」

一昨年、築100年を迎えた静観荘は、以前から外国人観光客に人気が高い。

「昭和40年頃にはもう外国のお客さんがいらっしゃいましたね。私は小学生でしたけどフランス人のお客さんと遊んだのを覚えてます。当時は外国から来るお客さんの予約はすべて手紙でやり取りしてました」

［取材年月］平成29年6月

朝食会場（上）は1階の大広間。素朴で懐かしいメニューが並ぶ（下）。「昔は外国人の食事が大変でした。生魚は食べない、ゴボウは木の根のよう、鰹節は生きているみたいに動くから気味が悪い、と（笑）」。
左頁・上／8畳の客間には広縁（ひろえん）がある。広縁とは幅が広い縁側のことで椅子とテーブルが置かれ、和室に広がりを感じさせることから旅館等によく用いられる。　左頁・下／客間から望む中庭。敷地内は四つの建物が中庭を囲む口の字型に立っている。

霊験あらたかな
「聖天さん」、
その参道にいまなお残る

番外 5 奈良県生駒市

生駒山宝山寺の精進落とし

Ikomayama Houzanji

聖天通りの参道を示す「観光生駒」のアーチ。旅館街の入口にはイラストで描かれた宝山寺の地図看板があり、14軒の連絡先が記してある。参道の両側には旅館が軒を連ねているが、すでに廃業した旅館や別の業種に改装した建物も多く、現在営業中の旅館は4軒を残すのみだという。

全国で唯一ここだけにある

「女に生まれてよかったわ　本当はいいことないけれど　せめて心で思わなきゃ　生きてはゆけないこの私　生駒は哀しい女町」

　生駒新地に生きる女の哀歌「女町エレジー」は、昭和48年に発売された藤圭子のLP『演歌全集』に収録されている。

　古くから「聖天さん」として地元の人々に親しまれてきた宝山寺は、生駒山の中腹にある。生駒新地は宝山寺に続く参道の門前町のことを指しているが、冒頭のご当地ソングに歌われた通り、生駒新地は色街だった。商売繁盛の神様として知られる宝山寺で参拝を済ませた帰路、男たちは参道の門前町に並ぶ旅館で歓楽に耽り、そうした風習を「精進落とし」と称した。精進落としの風習は、古くは伊勢神宮の古市遊廓や金刀比羅宮の琴平遊廓にも見られるように、元来日本の伝統的な娯楽だった。そしていまなお生駒山の古びた旅館でひっそりと「精進落とし」が続いているという――。

　近鉄奈良線の生駒駅で下車すると、鳥居前駅から生駒山に登る生駒ケーブルに乗って宝山寺駅へ向かった。聖天通りの門をくぐると石段の参道にある幾つもの旅館の地図を示す看板がある。閑散とした参道で営業して

生駒ケーブルは大正7年に営業を開始。現存するケーブルカーでは日本最古の歴史を誇る。

いる旅館を探すが、ほとんどの旅館は閉鎖していた。打ち水をした旅館の入口で足を止めた。「18歳未満入店禁止」の張り紙が目に留まる。

「すみません、女の子と遊べますか……」

「……お客さん、初めて？　ここは若い子はおりません。若くても30代。若い子がよければ、他に行ってください」

玄関先に出てきた老女は、はっきりした口調でそう言った。

「東京から来たんですが、ここはやはり風情がありますね。システムを教えてもらえませんか」

表情を緩めた老女の説明によれば、現在営業している旅館は4軒のみ。昭和30年前後の最盛期には旅館が約70軒、女性は200人近く在籍したらしいが、かつての賑わいはすっかり消え失せている。しかしながら細々とではあるものの、いまも精進落としは存在する。

［取材年月］平成26年11月

右頁・上／大阪の奥座敷と呼ばれる生駒。生駒山上遊園地はケーブルカーの終点となる生駒山上駅で下車する。昭和4年の開園とともにできた高さ30メートルの飛行塔より撮影。飛行塔は、国内に現存する遊戯施設では最も古く、第二次大戦中は米軍機の襲来などを監視する海軍の防空監視所として使用された。地上の景色を一望でき、現在も人気が高い。
上／「生駒の聖天さん」として親しまれてきた宝山寺は、江戸時代から大阪商人に商売の神様として信仰を集め、現在も年間300万人の参拝客が訪れるという。　左下／「精進落とし」として参拝客を集めた旅館もいまやごく僅かだが、旅館の玄関に往時の情緒を残す風景を確認できる。

200年前の姿そのままに

古市遊廓の江戸情緒をいまに残す麻吉旅館。創業当時の屋号は「花月楼麻吉」。多くの芸妓を抱える茶屋だった。麻吉の文字が染め抜かれた暖簾が掛かる3階の入口。

■ 三重県伊勢市

麻吉旅館

Asakichi Ryokan

階段と渡り廊下
懸崖造りの立体構造が
この異景を生み出した

建物は丘陵地の斜面を利用した「懸崖造り」（けんがいづくり）が特徴。低層階の階段から見上げる。渡り廊下越しに麻吉の看板が見える。

板張りの壁が連なる建物の間を縫うようにして、斜面に沿った階段が並んでいる。下／最上階にある聚遠楼（じゅえんろう）。36畳あるこの大広間で、かつて多くの芸妓が伊勢音頭を踊って客をもてなした。古市で一番高い場所から見える朝熊山は絶景だったという。

上／朝食（左）と夕食。それぞれ違う部屋を利用した。朝食は道を挟んだ隣の棟。夕食は雰囲気のある個室だった。地元の食材を使った料理はどれも絶品。また夕食に使われた箸袋は創業当時から続くデザインだという。　中／客間。眺めの良い角部屋の広間に宿泊した。現在は宅地になっているが、かつて旅館から望む丘陵地の裾野は絶景が広がっていた。
下／駐車場から見た麻吉旅館。見る角度によってまったく形が変わるのも懸崖造りの特徴だ。

いまは使われなくなったかまど。大きなかまどが三つ並ぶ。高級な陶器や漆の椀など、お茶屋ならではの食器は展示室に残されていた。

伊勢参りと精進落とし

かつて伊勢神宮の外宮と内宮をつなぐ参宮街道には、古市遊廓があった。参宮街道を参拝客が歩くことは少なくなったが、いまも住宅街の一角にひっそりと佇む遊廓の残照を確認できる。古市遊廓をいまに伝えるのは、十返舎一九の『東海道中膝栗毛』にも描かれている老舗、麻吉旅館。時間が止まったままの木造建築から、まるで伊勢音頭の音色とともに華やかな遊女の声が聞こえてくるようだ。

20年に一度行われる伊勢神宮の式年遷宮《しきねんせんぐう》は、平成25年、１０００万人を越える参拝客を記録した。

江戸時代、現在を大きく上回るお伊勢参りブームがあった。五街道を初めとする交通網が発達し、参詣が以前より容易になったこともあって「おかげ参り」と呼ばれる集団的な巡礼運動が起こったのである。多くの庶民が旅へ出ることができたのは、信心の旅ということで、柄《ひ》杓《しゃく》さえもっていれば、大金を持たなくても沿道の施しを受けることができたからだった。

ほぼ60年周期で到来したおかげ参りは、最盛期の天保元年に年間５００万人が全国から伊勢に押し寄せた。江戸時代の平均人口が約３０００万人だったことから6人にひとりが伊勢を参拝したことになる。伊勢までの旅は江戸から徒歩で片道約15日、大阪から5日かかった。

そして旅人にとって参拝の他に、もう一つの楽しみが遊廓だったのである。参拝客は遊廓に登楼することを「精進落とし」と呼んだ。精進落としは元来、四十九日の忌明け《いみあ》に精進料理から通常の食事に戻すことを指すが、現在は一般に葬儀のあとに喪主、遺族が参列者をもてなす宴席のことをいう。旅人は一生に一度の長旅を苦行に例え、参拝を済ませて俗社会に戻ることを、都合よく「精進落とし」と呼んだのだ。当時流行った川柳「伊勢参り大神宮にもちょっと寄り」に、旅人の本音と建前が垣間見える。

古市遊廓は江戸前期に「茶汲み女」と呼ばれる遊女を置いた茶屋が現れると、江戸後期に最盛期を迎える。幕府非公認の遊廓ながら妓楼70軒、遊女１００

上／伊勢古市参宮街道資料館。内宮と外宮の間の参道にある古市遊廓の資料館である。郷土史家でもある館長の話は面白く、長居してしまう観光客も多いだろう。　下／往時の麻吉旅館。年代は不明。麻吉の創業は明らかではないが、天明2（1782）年の「古市街並図」にその名前が残っている。　右頁／油屋跡の石碑。かつて古市遊廓には備前屋、杉本屋、油屋といった三大妓楼があり、遊女たちは伊勢音頭を歌い踊って客をもてなした。

0人を数える歓楽街として栄華を極めた。しかし明治になり丘陵地の古市を迂回して道路が整備されると街は衰退していった。

現在、外宮と内宮をつなぐ約5キロの参宮街道を歩く参拝客は少ない。戦災によって焼失した古市遊廓も住宅街となった跡地に麻吉旅館を残すだけとなっている。丘陵地の斜面を利用した「懸崖造り《けんがいづく》り」とよばれる木造5階の建物は、築200年を越える。最上階の「聚遠楼《じゅえんろう》」と呼ばれる36畳の大広間では、かつて多くの芸妓が伊勢音頭を踊って客をもてなした。

「戦災を逃れて旅館の無事を確認した時は従業員の皆で手を取り合って喜んだ、と祖母から聞いています。私の代で旅館を辞めるつもりはありません」

麻吉旅館で生まれ育ち、いまも旅館を守り続ける女将さんはそう語った。

［取材年月］平成27年5月

■広島県広島市

一楽旅館

Ichiraku Ryokan

原爆で消えた遊廓、執念の復興秘話

2階へ上がると口の字型の建物だったことに気付かされる。天井から差し込む光は建物の内部を明るく照らしている。

旅館は繁華街の裏通りにある。飾り窓や窓の欄干、すべての窓に設えられた軒（のき）、華美な意匠は、遊廓建築の特徴だ。右端に見える2階が黒い壁の建物が最初に建てられた（昭和25年）。

右／玄関は小石が埋め込まれた石床に沓脱石（くつぬぎいし・履物を脱いで置いたり、踏み台にしたりする石）が置かれている。細部にもこだわりの意匠が見える。　左頁／建物の内部に池があり金魚が泳いでいた。大きな石が置かれた池の上部は吹き抜けになっていて、昼間は天井から光が入る。夜になると水の音さえ艶っぽく聞こえてくるから不思議だ。

回廊からの自然光が注ぐ
中庭の趣が実にいい

昭和25年築の古い建物。2階の欄干は木製である。

焼け野原にバラックを建てて

　広島駅で下車し、先に広島平和記念公園へ立ち寄る。資料館で見た原爆投下直後の写真には言葉を失った。駅前通りを歩き、繁華街の流川・薬研堀地区へ向かう。戦前、この辺りには明治28年から続く東遊廓があった。『全国遊廓案内』によれば〈妓楼は約四十軒あつて、娼妓は約二百五六十人居る〉と記してある。いずれにしても、広島の町は原爆によって跡形もなく焼失したのだ。遊廓もすべて。

　繁華街の薬研堀通りから細い路地を入った先に、昭和25年に建てられた一楽旅館はある。

「戦後、焼け野原の時に、最初はバラック建てから始めたと母から聞いてます」

　売春防止法が施行された昭和33年、女将さんは小学生だったという。

　戦後から売春防止法が施行されるまでの間、一楽旅館が遊廓だったのは、そのまま「赤線」の時代と重なる。

「母が元気なら色々お話しできたのですが……。私はあまり覚えてないんですけど、よう遊んでくれたお姉ちゃんのことは覚えています。女の人が全部で4、5人いましたね」

　売防法の施行後は、連れこみ旅館となり、高度成長期には建築作業員の長期利用者、最近は料金が安く、繁華街に近く便利な場所にあることから観光客の利用が多くなった。外国人や建築に興味があるという客も増えたらしい。

　現在、一楽旅館は「桜の間」「松の間」「バラの間」など計10部屋。

「私はよく分からないのですが、

上・右／扇や瓢箪などの形にくりぬかれた意匠は、日本的な艶かしさを醸し出している。　下・右／女将さんにお願いして古い建物のほうにある客間を利用した。　左／2階から見た階段。吹き抜けになっており、天井が切妻屋根を映し出している。

材木だけは良いモノを使うように、と大工さんにお願いした、と父から聞いてます」

玉砂利が埋め込まれた玄関を上がると、池があり周りを部屋が囲んでいる。池の上は吹き抜けになっていて上から明るい光が差し込む造りだ。

2階へ上がると、目の前にロの字型の欄干が広がり、開閉式の天井を開ければ、建物の中に風が入る。

陽が落ちた頃、宿を出て繁華街へ向かう。夕食を済ませ、宿へ戻る路地で見たのは、噂に聞いた光景だった。そこには薄暗い路上の隅に置かれた椅子に座る老女が、こちらを向いて手招きする姿があった。

［取材年月］平成29年6月

中庭と回廊が織りなす絶景

■ 山口県萩市

芳和荘

Houwasou

2階に広がるロの字型の回廊。各部屋の扉を開けると、眼前に回廊が見える設計になっている。ご主人の性分なのだろう、建物内部は掃除の行き届いた清潔感が第一印象である。

上／引き戸を開けると玄関の明るさに驚く。玄関の蛍光灯と中庭から入る光が床板を照らしていた。
下・右／隣の駐車場から見た芳和荘。表玄関の印象とは異なり、蔦が生い茂る北側から見ると、あらためて建物の大きさが分かる。
下・左／必要最低限のものだけが備えられた清潔感のある客間。
左頁／階段下にある収納には下駄箱が設えられている。中には客用の下駄が収納されていた。

マイルス
T.S.5

遊廓だった歴史を
一時は封印したことも

芳和荘の入口。左右の石柱にはアーチが掛かっている。石組みのアプローチで玄関へ進む。陽が落ちると、建物は品格の中に妖艶さを映し出す。

若い女性からも人気の宿

明治維新の立役者を数多く輩出した町、萩を歩く。山陰本線の東萩駅から阿武川を渡り、閑散とした港町に出る。水路の脇にある小道を進むと老朽化した木造2階建ての建物が目に映る。どことなく風格を感じさせる古びた石柱の門をくぐり玄関の引き戸を開けると、磨き抜かれた明るい板の間に目を奪われた。玄関から望む階段はケヤキ、廊下はすべて赤松が使われている。清潔な旅館の内部は、とても築100年になる建物とは思えない。ましてや、かつて遊廓だったとは。

「もうずいぶん前になりますが、木目の汚れを磨き始めたら他の部分も気になってしまってね、1年かけて廊下からなにからすべて自分で磨いたんです」

旅館の半纏を着たご主人は遠慮がちに語った。かつて妓楼「梅木」の屋号だった建物は旅館「芳和荘」となり、萩を訪れる観光客の宿としていまも営業を続けている。

萩町遊廓のあった浮島地区（現在の東浜崎）は、萩の北東部にある港町。江戸時代は海の玄関口でもあったことから多くの廻船問屋や藩の倉庫が建ち並ぶ賑やかな土地だった。

『全国遊廓案内』によれば〈貸座敷は現在十軒あつて、娼妓は約四十人程居る。女は山口県、及福岡県の者が多い〉と記してある。やがて売春防止法に伴い、萩町遊廓は旅館や下宿に姿を変えていった。現在、芳和荘を切り盛りするご主人が家族でこの建物に引っ越してきたのは昭和39年、当時は下宿屋だったという。すぐに旅館へ転業し、以来「芳和荘」としての営業は50年になる。辺りに10軒あったはずの妓楼の名残はすでに見当たらない。

宿の2階へ案内されると、目の前に中庭が広がっていた。聞けば、手入れの行き届いた中庭は、ご主人が自ら剪定しているのだという。建物は四方を建家で囲ったロの字型の造りになっていて、廊下沿いに並んだ各客室の目の前に中庭が広がる粋な造りになっている。また中庭を囲う欄干をよく見ると、ひらがなで「ち」「ょ」「う」「し」「ゆ」「う」「ら」「う」の文字を刻んだ意匠が確認できた。「長州楼」はかつての隠れ屋号だという。このような意匠は遊廓の建築ならではの味わいだろう。

右頁・上／遊廓らしい遊び心のある意匠が施された欄干。ひらがな文字を読みながら回廊を歩く。欄干から望む中庭も素晴らしい。　右頁・下／朝食は1階の食堂を利用する。東京の名店で修業したこともある、元板前であるご主人が作った朝食メニューは、簡素だが奥行を感じさせる味だった。絶品。　上／静かな水路を隔てた東側が、かつての廓、旧萩町遊廓だった。　下／近所にファサードのあるカフェー風の建物が残っていた。赤線時代の建物で、売防法後にアパートとなったのだろうか。通りかかった近所の住民に尋ねると、現在も住人がいるらしい。

「昔はなんとなく後ろめたくて元遊廓ってことは言えなかったんですよ。同業者にもあそこは元遊廓だからって陰口を叩かれたりね。玄関まで来て〝やっぱり止める〟って帰ってしまう客や、建物の内部を見渡して〝（遊廓の）存在自体が許せない〟なんて言われたこともありますよ。それがどういう訳か、3年くらい前から若いお客さんが元遊廓を理由に宿泊するようになったんです」

　平成21年、萩市は芳和荘の景観的特性を「大正初期に遊廓として建てられた、回廊を有するほぼ総二階の寄棟造大型木造建築物が、周囲の塀とともに、貴重な歴史的景観を形成している」として、景観重要建造物に指定した。

　かつて過去を公言できなかった旅館は、時を経て市の財産となったのだ。

［取材年月］平成28年5月

折鶴
P.A 2146-14489

東陽町の転業アパート
洲崎パラダイスの夢の跡

かつて赤線のカフェーだった転業アパートが解体されると聞いて、東京・江東区東陽へ向かう。アパートの玄関には赤線の頃から使われていた木製の下足入れがあった。錠前の木札に書かれた「紅梅」「折鶴」の文字が浮かぶ。赤線の屋号「ロマンス」を知る人はもうほとんどいない。

上／赤線の娼婦や客、アパートの住人たちも昇り降りした階段。昭和25年に建てられた「ロマンス」は、昭和33年にアパート「泉荘」となった。
下／階段の壁には竹格子の意匠を施した連子窓が設えられている。3畳と4畳半の部屋が全15部屋。解体前の家賃は3万円から4万円だった。

天井に技巧を凝らした4畳半の部屋。建物の1階奥が大家さん家族の部屋だった。同じ屋根の下に暮らした元大家の柴さんは語る。「男と女の話は色々あった。孤独死なんかも——。アパートは〝人生の縮図〟だったね」。平成29年5月に泉荘解体。

■解説

奇跡のように残された結晶

渡辺豪
カストリ出版代表・遊廓家

本書は、かつて全国に遍在した遊廓にあって、現在もなお宿泊可能な旅館として営業を続ける元妓楼を、丹念に取材、記録したものである。

「遊廓」とは、囲い込まれた一定の区画に限って買売春を認められた集娼地域のことである。明治33年に発布された法令「娼妓取締規則」によって全国統一の公娼制度が完成し、遊廓は法令上の正式名称として「貸座敷免許地」といい、遊女（娼妓）が寄寓する娼家としての妓楼は「貸座敷」とされた。戦後もなお、業者や政治家によって公娼制度は延命され、遊廓の多くは「赤線」と称する集娼地域に呼び名を変えたが、昭和33年に施行された売春防止法によって、我が国の公娼制度は名目上消滅した。

その売防法から数えてちょうど60年目が、２０１８年の今年である。ＳＮＳをはじめとしたインターネット上で、例えば飛田新地のように写真が日常的に出回り、過去のどの時代よりも遊廓の情報に接する機会が増えたにもかかわらず、インターネットは同時に「情報の偏り」を押し進め、扇情的でスクープ主義的な情報がますます流通する一方、かつて我が国にはどれだけ遊廓があったのか、といった地味な情報からは、人を遠ざけた。

オフィシャルな統計情報が残されている。東京市長の職にあった後藤新平が構想、さらに安田善次郎が資金提供して、両者の晩年に設立された団体である東京市政調査会が、全国の遊廓の数を含む各種の都市情報を『日本都市年鑑』と題して毎年編纂していた。同書によれば、遊廓は大正14年の５５２箇所をピークに漸次減少を続け、同書の記録として最後になる昭和14年には４００箇所とある。赤線の数は、売春業に従事する女性の更生問題を扱っていた労働省婦人少年局がその調査にあたっている。昭和32年時に、６６２箇所、業者数１万４９９２名と戦前より増加している。自由や民主化が高らかに謳い上げられようとも、敗戦の混乱は、戦前からの買売春問題を棚上げにし続けた。

当時占領下にあった沖縄県を除く46都道府県を母数として、赤線を1県あたりに直せば、平均約14箇所という密度を持っていたことになる。ここで注意が必要なのは、先の６６２箇所とは、赤線の数に過ぎず、当時、同省が対象とした集娼地域は赤線の他に、二業および三業のいわゆる花街や、進駐軍の基地周辺に簇生《そうせい》していた売春宿で構成される娼街なども含まれていた。それらの地域は小計972箇所とむしろ赤線より多く、赤線と合計すると1634箇所、1県あたり35箇所にものぼる。遊廓をはじめとする集娼地域は、冒頭で述べた通り、かつて我が国には遍在していたのである。

昭和33年、施行が迫る売防法を控えて、業者は転業を余儀なくされる。売春対策審議会『売春対策の現況』(昭和34年)によれば、昭和33年3月末における業者数1万9220名のうち、最多の27・7%にあたる5313名が旅館業に転業している。多くの業者が旅館業へ活路を見出そうとした。売防法施行直後は、この手の旅館は決して珍しくなかったのである。

本書に収録された14軒の旅館を含めて、今も営業中の元妓楼旅館はそう多くはなく、往時の家屋を残して営業を続けている旅館は、おそらく30軒にも充たないのではないか。60年を経て、約5300軒あったうちの1%未満にまで減少している。この点からも、本書が消え入ろうとする元妓楼の今を活写した記録として、いかに貴重であるか、強調したい。

本書の目次を眺め、気がついた読者もおられたかもしれないが、少なくない地点が日本海側に面している都市である。日本一の豪商と謳われた本間家が財をなした山形県酒田市をはじめとして、多くは北前船の寄港地と重なる。遊廓は繁栄する都市の証だった。近代化とともに内陸部に鉄道や国道が敷設整備され、ヒトモノカネが海運から陸運へとシフトしていくと、遊廓もまた歩みを揃えて、内陸側に移転、新設されていく。元来決して遊廓や赤線が日本海側に偏っていたのではない。翻って本書に内陸部や太平洋側が少ない理由は、それらの地域が高度成長期に「国土改造」の大号令のもと前時代的なものが壊され、幸運にも今こうして元妓楼旅館が残されている日本海側は、その開発から後れを取り、破壊を免れたためではなかったか。遊廓は産業史の一部であり、その浮き沈みやまだらな格差の跡さえ窺い知ることができる。

遊廓とは、日本が近代化する中で産まれた結晶の一つであり、元妓楼旅館は、その近代化が終焉を迎えてもなお、奇跡のように残された結晶が最後に発する煌めきである。

私も本書に収録されている旅館を取材し、宿泊した経験を持つが、多くの経営者の方たちは既にご高齢で、「せっかく親たちが残してくれたものだから……」「常連さんが常宿にしてくれているから……」という気持ちに支えられ、自分の体力が持つうちは……の一念で営業を続けている実態をその度に知った。

本書に収録された旅館のうち、既に廃業された旅館もあると伝え聞く一方で、萩市・芳和荘のように、遊廓は若い世代を惹きつけ、観光資源として再評価されつつある。こうして本書を読まれた方が、残された時間を愛でるように元妓楼旅館へ泊まりに行き、帰ってきてまた本書を開く——。文字と体験を往復する本となることを願う。

旅館データ

※2018年6月現在のデータです。料金は大人1名あたりの1泊基本料金です。
諸事情により、データを載せていない宿もあります。

新むつ旅館
青森県八戸市小中野6丁目20―18
☎0178・22・1736
20畳・14畳 8,000円（税込・2食付）
6畳 5,400円（税込・2食付）

中村旅館
青森県黒石市浦町1丁目33
☎0172・52・2726
素泊 4,900円（税込）
朝食付 5,400円（税込）

髙山旅館
青森県八戸市小中野8丁目8―31
☎0178・22・1971
素泊 3,000円（税込）

松山旅館
山形県酒田市南新町1丁目3―28
☎0234・22・0951
2食付 6,000円（税込）

錦旅館
秋田県由利本荘市矢島町田中町52
☎0184・56・2452
料金は電話にてお問い合わせください

金沢屋旅館
新潟県佐渡市両津湊263―2
☎0259・27・2829
2食付 10,000円

旅館福田
新潟県新潟市中央区本町通14番地3056
☎025・222・8415
料金は電話にてお問い合わせください

宿や平岩
京都府京都市早尾町314
☎075・351・6748
素泊 4,000～6,000円＋消費税
料金は時期、部屋の広さによって変動あり

多津美旅館
京都府八幡市橋本中ノ町15
☎075・981・0166
素泊3，000円＋消費税

静観荘
奈良県奈良市東木辻町29
☎0742・22・2670
素泊4，000円＋消費税
朝食／和食700円＋消費税
洋食410円＋消費税

麻吉旅館
三重県伊勢市中之町109
☎0596・22・4101
2食付12，000円＋消費税
素泊7，000円＋消費税

一楽旅館
広島県広島市中区西平塚町2—17
☎082・244・2028
素泊4，000円（税込）
2人の場合6，000円（税込）
料金は時期によって変動あり

芳和荘
山口県萩市大字東浜崎町2区
☎0838・25・3470
素泊4，900円（税込）
朝食付6，100円（税込）
予約はインターネットより受け付けます

●番外

江畑
京都府京都市上京区四番町148—1
☎075・463・8739

鯛よし百番
大阪府大阪市西成区山王3丁目5—25
☎06・6632・0050

参考文献

書籍

丸山祐松／編『裏日本実業案内　羽越版』1925年　裏日本実業研究会
松川二郎『全国花街めぐり』1929年　誠文堂〈復刻版2016年　カストリ出版〉
日本遊覧社／編『全国遊廓案内』1930年　日本遊覧社〈復刻版2014年　カストリ出版〉
渡辺寛『全国女性街・ガイド』1955年　季節風書店〈復刻版2014年　カストリ出版〉
野村可通『伊勢古市考』1971年　三重県郷土資料刊行会
山口淑子・藤原作弥『李香蘭　私の半生』1987年　新潮社
倉橋正直『北のからゆきさん』1989年　共栄書房
若山滋『遊蕩の空間　中村遊廓の数寄とモダン』INAX ALBUM11　1993年　INAX
小寺隆韶『小中野の花街』1997年　縄文社
木村聡『赤線跡を歩く』1998年　自由国民社
下川耿史・林宏樹『遊郭をみる』2010年　筑摩書房
藤村誠『新潟の花街』2011年　新潟日報事業社
多田麻美／著　張全／写真『老北京の胡同 開発と喪失、ささやかな抵抗の記録』2015年　晶文社
渡辺寛『赤線全集』2016年　カストリ出版
小松和彦／著　渡辺豪／写真『色街調査紀行 秋田県の遊廓跡を歩く』2016年　カストリ出版

写真集

新潟女性史クラブ／編著『写真記録　にいがたの女性史』1994年　郷土出版社
橋爪紳也／監修・文　上諸尚美／写真　吉里忠史・加藤政洋／文『飛田百番　遊廓の残照』2004年　創元社
渡辺豪『遊郭　紅燈の街区』2014年　渡辺豪

雑誌

「太陽」1987年5月号　村松友視「幻の橋本遊郭を行く」　平凡社

映画

「五番町夕霧楼」1963年　東映
「五番町夕霧楼」1980年　松竹
「鬼龍院花子の生涯」1982年　東映

web

花街ぞめき Kagaizomeki
https://gionchoubu.exblog.jp/

東京DEEP案内
https://tokyodeep.info/

レトロな風景を訪ねて～Nostalgic Landscape～
https://retro.useless-landscape.com/

『ぬけられます』　あちこち廓（くるわ）探索日誌
https://blog.goo.ne.jp/erotomania_2006

多田麻美「八大胡同の諸相　高級料亭から女性用銭湯まで」集広舎
http://www.shukousha.com/column/tada/2344/

とんぼの本

遊廓《ゆうかく》に泊《と》まる

発行　2018年7月30日
4刷　2025年3月5日

著者　関根虎洸《せきねここう》
発行者　佐藤隆信
発行所　株式会社新潮社
住所　〒162-8711　東京都新宿区矢来町71
電話　編集部 03-3266-5381
読者係 03-3266-5111
ホームページ　https://www.shinchosha.co.jp/tonbo/
印刷所　半七写真印刷工業株式会社
製本所　加藤製本株式会社
カバー印刷所　錦明印刷株式会社

ISBN978-4-10-602284-5 C0326

■編集協力
中山智喜

■撮影
関根虎洸

■ブックデザイン
中村香織

■シンボルマーク
nakaban

●旅館福田（P54－57）でお話をうかがった3代目ご主人が平成28年末に逝去されました。心よりご冥福をお祈りいたします。

●本書は、「月刊 実話ナックルズ」誌上で2014年から不定期連載された「ニッポン闇紀行・遊廓に泊まる」をもとに、再編集、増補したものです。

●本文中の記述で現在は不適切と思われる表現がありますが、本書の扱う内容上、当時の状況を説明するために必要なものと考え、使用しています。関係者への差別や侮蔑の助長を意図するものではないことをご理解ください。（編集部）

JASRAC 出 2500911-501